Dans l'engrenage de la réussite

Je suis ravi de vous présenter livre sur la motivation, la discipline et la réussite personnelle. Dans un monde en constante évolution, il est crucial de développer ses compétences et de s'engager dans un processus de croissance personnelle pour atteindre ses objectifs.

Ce livre est conçu pour vous donner les outils nécessaires pour surmonter les obstacles et les défis qui se dressent sur votre chemin vers le succès. En explorant les principes de la motivation, de la discipline et de la réussite personnelle, vous découvrirez comment transformer vos rêves en réalité et atteindre votre plein potentiel.

Nous allons discuter des habitudes, des stratégies et des pratiques qui vous aideront à devenir plus motivé, plus discipliné et plus concentré sur vos objectifs. Nous aborderons également la question de la gestion du temps et de la productivité, en vous proposant des astuces pour maximiser votre temps et atteindre vos objectifs plus rapidement.

En travaillant sur votre motivation, votre discipline et votre concentration, vous pourrez atteindre vos objectifs personnels et professionnels. La motivation est la clé pour rester engagé et avancer, même lorsque les choses deviennent difficiles. La discipline vous permettra de rester sur la bonne voie et de maintenir votre engagement à long terme. La concentration est nécessaire pour être productif et atteindre les résultats que vous recherchez.

Cependant, il est important de noter que la réussite personnelle ne se mesure pas seulement en termes de réussite professionnelle ou financière. Le bien-être émotionnel, la santé mentale et physique, ainsi que les relations interpersonnelles positives, sont également des éléments importants de la réussite personnelle. En travaillant sur ces aspects de votre vie, vous pouvez vous épanouir et atteindre une vie équilibrée et satisfaisante.

En fin de compte, la motivation, la discipline et la réussite personnelle sont des éléments clés pour réussir dans la vie, mais ils ne sont pas suffisants en eux-mêmes. La réussite personnelle est une question de trouver un équilibre entre votre vie professionnelle, personnelle et sociale mais mieux vaut être seul que mal accompagné doc prenez le temp pour vous entourer des meilleur personne prête à vous booster dans vos projets. En utilisant les conseils et les stratégies que vous trouverez dans ce livre, vous serez mieux équipé pour réussir dans tous les aspects de votre vie et pour atteindre vos objectifs personnels et professionnels.

Je vous encourage donc à vous engager dans un processus de croissance personnelle et à utiliser les outils et les stratégies que vous découvrirez dans ce livre pour atteindre vos objectifs. Avec une motivation, une discipline et une concentration solides, ainsi qu'un équilibre dans tous les aspects de votre vie, vous pouvez atteindre le succès et vivre une vie épanouissante et satisfaisante.

Dans 1 premier temps :

Pourquoi est-ce important d'être discipliné et motivé pour réussir :

J'adorerais cette question de la manière suivante sous 4 grand points menant à la réussite

La discipline

La discipline est un élément clé pour atteindre nos objectifs car elle nous permet de rester concentrés sur ce qui est vraiment important. Elle nous aide à garder le cap sur nos objectifs, même lorsque nous sommes confrontés à des distractions ou à des obstacles.

Être discipliné, c'est avoir la force mentale de se fixer des objectifs clairs et de travailler dur pour les atteindre. Cela implique de mettre en place des routines et des habitudes qui nous aident à maintenir notre concentration et notre motivation sur le long terme.

En développant notre discipline, nous sommes en mesure de mieux gérer notre temps et de prendre des décisions éclairées quant à nos priorités. Nous pouvons ainsi nous concentrer sur les tâches les plus importantes, celles qui nous rapprochent le plus de nos objectifs, plutôt que de gaspiller notre temps et notre énergie sur des choses qui ne nous apportent rien.

Cela nous permet également de mieux gérer notre stress et de maintenir notre motivation, même lorsque nous sommes confrontés à des défis ou à des revers. En cultivant notre discipline, nous apprenons à persévérer et à trouver des solutions créatives pour surmonter les obstacles qui se dressent sur notre chemin.

En fin de compte, la discipline est un élément clé pour atteindre nos objectifs de développement personnel et professionnel. Elle nous permet d'augmenter notre productivité, de maximiser notre potentiel et de devenir une meilleure version de nous-mêmes. En travaillant sur notre discipline, nous pouvons accomplir des choses incroyables et atteindre des niveaux de réussite que nous n'aurions jamais cru possibles. Je répète beaucoup cette phrase mais encore une fois personne ne réalisera tes rêves tes objectifs pour toi.

La motivation

Il est crucial d'être motivé dans la vie quotidienne pour plusieurs raisons. Tout d'abord, la motivation nous pousse à agir et à atteindre nos objectifs. Sans motivation, il peut être difficile de trouver la force de continuer à avancer dans la vie et d'accomplir les tâches qui nous attendent. La motivation nous donne un but à atteindre et nous aide à rester concentrés sur la réalisation de nos projets.

En outre, la motivation peut nous aider à surmonter les défis et les obstacles qui se présentent sur notre chemin. Lorsque nous sommes motivés, nous sommes mieux équipés pour affronter les épreuves et les difficultés de la vie. Nous sommes plus résilients et plus persévérants, ce qui nous permet de surmonter les échecs et de continuer à avancer malgré les obstacles.

La motivation peut également améliorer notre bien-être émotionnel et physique. Lorsque nous sommes motivés, nous avons une attitude positive envers la vie et nous sommes plus susceptibles de prendre soin de notre corps et de notre esprit. Nous sommes plus enclins à adopter des habitudes de vie saines, comme l'exercice régulier et une alimentation équilibrée, qui peuvent avoir un impact positif sur notre santé globale

La motivation peut également nous aider à maintenir des relations positives avec les autres. Lorsque nous sommes motivés et énergiques, nous sommes plus attrayants pour les autres et plus enclins à interagir avec les autres. Nous sommes plus disposés à prendre des risques sociaux et à nous ouvrir à de nouvelles amitiés et relations.

Enfin, la motivation peut nous aider à atteindre une réussite professionnelle et personnelle. Lorsque nous sommes motivés, nous sommes plus productifs et efficaces dans notre travail et dans la réalisation de nos projets personnels. Nous sommes plus enclins à prendre des risques pour atteindre nos objectifs, ce qui peut nous conduire à de nouvelles opportunités et à une croissance personnelle.

En somme, la motivation est essentielle dans la vie quotidienne car elle nous pousse à agir, nous permet de surmonter les obstacles, améliore notre bien-être émotionnel et physique, nous aide à maintenir des relations positives avec les autres et peut nous conduire à une réussite professionnelle et personnelle. Avoir une source de motivation est donc essentiel pour atteindre nos objectifs et vivre une vie satisfaisante et épanouissante.

Le développement personnel

Le développement personnel est un processus continu qui nous aide à mieux nous connaître et à comprendre nos aspirations. Il nous permet de déterminer nos forces et nos faiblesses, ainsi que nos passions et nos motivations profondes. En prenant le temps de nous pencher sur nous-mêmes, nous pouvons nous fixer des objectifs clairs et réaliser nos rêves les plus profonds.

En travaillant sur notre développement personnel, nous pouvons également améliorer notre confiance en nous et notre estime de soi. Nous apprenons à nous accepter tels que nous sommes, mais également à nous améliorer pour devenir une meilleure version de nous-mêmes. Cela nous permet de mieux gérer les situations difficiles et de prendre des décisions éclairées, en ayant confiance en nos capacités.

Le développement personnel est également important pour notre réussite professionnelle. En comprenant nos forces et nos faiblesses, nous pouvons choisir des carrières qui correspondent à nos compétences et à nos motivations. Cela nous permet de travailler dans des domaines qui nous passionnent et dans lesquels nous sommes plus susceptibles de réussir. En travaillant sur nos compétences professionnelles, nous pou-vons également nous améliorer et progresser dans notre carrière.

Enfin, le développement personnel nous aide à être plus heureux et épanouis dans notre vie personnelle. En comprenant ce qui nous motive et nous passionne, nous pouvons choisir des activités et des loisirs qui nous apportent de la joie et de la satisfaction. Cela nous permet de mieux gérer le stress et les défis de la vie quotidienne, en étant plus connectés à notre moi intérieur.

En somme, le développement personnel est crucial pour notre épanouissement personnel et professionnel. En travaillant sur nous-mêmes, nous sommes en mesure de mieux nous connaître, de comprendre nos motivations et nos passions, et de réaliser nos rêves les plus profonds. Cela nous permet de vivre une vie plus heureuse et plus épanouissante, en étant plus en phase avec notre moi intérieur.

Enfin,

Augmenter sa productivité

L'augmentation de la productivité est un élément clé de la réussite dans tous les domaines de la vie. Que ce soit pour atteindre des objectifs professionnels ambitieux ou pour simplement améliorer notre qualité de vie personnelle, être productif est crucial. Cela signifie travailler plus intelligemment, pas nécessairement plus dur. Cela nécessite souvent une planification minutieuse et une utilisation judicieuse du temps.

Être organisé est un élément important de la productivité. En ayant une vision claire de ce que nous voulons accomplir, nous sommes mieux en mesure de planifier nos activités quotidiennes et de hiérarchiser nos tâches. Cela nous permet de concentrer notre temps et notre énergie sur les activités qui ont le plus d'impact et de résultats. Nous pouvons ainsi atteindre nos objectifs plus rapidement et plus efficacement.

Une autre clé de la productivité est de travailler de manière intelligente. Cela signifie trouver des moyens d'optimiser notre temps et de minimiser les distractions. Nous pouvons par exemple apprendre à gérer notre temps de manière efficace, en utilisant des outils et des techniques de gestion du temps pour maximiser notre temps de travail et éviter les interruptions.

Enfin, la productivité nous permet de trouver un équilibre entre notre vie professionnelle et personnelle. En travaillant de manière plus efficace, nous pouvons accomplir davantage en moins de temps, ce qui nous permet de consacrer plus de temps à des activités qui nous tiennent à cœur, comme passer du temps avec notre famille et nos amis, pratiquer des hobbies ou pratiquer du sport. Cela nous permet de trouver un équilibre sain entre notre vie professionnelle et notre vie personnelle, ce qui peut améliorer considérablement notre qualité de vie.

C'est pourquoi j'ai écrit ce livre. Je crois que la discipline, la motivation et le développement personnel sont des compétences essentielles que nous devons tous cultiver si nous voulons réussir dans la vie. Dans ces pages, vous trouverez des stratégies pratiques pour cultiver ces compétences, ainsi que des conseils pour augmenter votre productivité et atteindre vos objectifs plus rapidement. Ce livre donnera les grandes idées les grand points a applique sans charabia les idées irons très vite alors a de bien suivre et d'être concentrée pendant son entièreté

Je suis convaincu que ce livre vous sera utile, que vous soyez en train de démarrer votre carrière, en pleine reconversion professionnelle ou simplement en train de chercher à devenir une meilleure version de vous-même. Alors n'hésitez plus, plongez dans ces pages et commencez votre voyage vers une vie plus disciplinée, plus motivée et plus productive ! Vers le chemin de la réussite …

Les grands obstacles de la motivation et de la discipline à franchir :

Il y a plusieurs obstacles courants qui peuvent vous empêcher d'être disciplinés et motivés. Voici quelques-uns d'entre eux, ainsi que des solutions pour les surmonter :

Manque de confiance en soi : Le manque de confiance en soi peut être un obstacle majeur à la discipline et à la motivation. Les personnes qui manquent de confiance en elles peuvent craindre l'échec, ce qui peut les empêcher de prendre des risques et d'essayer de nouvelles choses. N'ayez pas peur votre plus grands adversaires ces vous-mêmes surtout dans ce cas-là.

Solution :   Se concentrer sur ses forces : Plutôt que de se concentrer sur ses faiblesses, il est important de se concentrer sur ses forces et ses réalisations passées. Cela peut aider à renforcer la confiance en soi et à se rappeler que l'on est capable de réussir. 4

points à savoir et à prendre en compte pour les personnes concernée :

1.   Se fixer des objectifs réalisables : En se fixant des objectifs réalisables, on peut progressivement renforcer sa confiance en soi. Commencer par des objectifs simples et réalisables permet de construire une base solide pour atteindre des objectifs plus ambitieux.

2.   S'entourer de personnes positives : Les personnes positives peuvent apporter un soutien moral et encourager à poursuivre ses objectifs. Il est important de s'entourer de personnes qui sont encourageantes et qui croient en soi.

3. Prendre soin de soi : Prendre soin de soi peut aider à renforcer la confiance en soi. Cela peut inclure des activités telles que faire de l'exercice

régulièrement, manger sainement et prendre le temps de se détendre.

4.   Se former et apprendre de nouvelles compétences : En apprenant de nouvelles compétences et en acquérant des connaissances, on peut renforcer sa confiance en soi. Cela peut aider à se sentir plus compétent et plus confiant dans ses capacités.

Pour surmonter le manque de confiance en soi, il est important de se concentrer sur ses forces, de se fixer des objectifs réalisables, de s'entourer de personnes positives, de prendre soin de soi et d'apprendre de nouvelles compétences. En utilisant ces stratégies, on peut progressivement renforcer sa confiance en soi et améliorer sa motivation et sa discipline.

Manque de clarté sur les objectifs : Si les objectifs ne sont pas clairs, il est difficile de savoir quoi faire pour les atteindre. Cela peut conduire à la procrastination et au manque de motivation.

Solution : Il est important de définir des objectifs clairs et spécifiques, ainsi que des étapes à suivre pour les atteindre. Les objectifs doivent être alignés sur les valeurs personnelles et être suffisamment ambitieux pour être motivants, mais aussi réalisables. Si cela t'aide n'hésite surtout pas a te fixe des objectifs clair et atteignable plus ou moins rapidement et de bien t'organiser. Et n'oublie pas que dans chaque grandes missions ou objectifs s'en cache d'autre. Exemple d'écrire un livre cela peut être un objectif principal mais dans cet objectif on en retrouve plein d'autre ; trouver son titre, écrire un chapitre, la 3 -ème de couverture, la couvertures etc…

Distractions : Les distractions telles que les réseaux sociaux, la télévision ou les e-mails peuvent détourner l'attention de l'objectif principal, ce qui peut rendre difficile la discipline et la motivation.

Solution : Pour éviter les distractions, il est important de se fixer des limites et de se concentrer sur une tâche à la fois. Cela peut impliquer la mise en place de routines et de plages horaires pour les activités qui peuvent facilement distraire. Les notifications sur les appareils peuvent également être désactivées ou mises en mode silencieux.

N'hésite pas à te mettre en mode ne pas déranger tous ces loisirs seront toujours là une fois que tu auras réussi ton objectif de la journée.

Pour surmonter les obstacles à la discipline et à la motivation, il est important de construire la confiance en soi, de définir des objectifs clairs et spécifiques et de se concentrer sur une tâche à la fois tout en évitant les distractions. En identifiant ces obstacles et en utilisant ces stratégies, les gens peuvent augmenter leur motivation et leur discipline pour atteindre leurs objectifs. De plus par exemple pour les personnes en manque de confiance franchir ces obstacles peuvent être et sont une réussite dans votre réussite et même pour les autres, apprécier chaque réussite personnels ou collective mais pas trop non plus il ne faut pas se relâcher et continue de bosser sur soi et sur ces projets.

Les Choses qui on étaient cité ici pourrons aussi l'être dans la suite du livre ne vous étonner pas c'est tout simplement car les solutions site ici sont en toute logique des idées essentielles à la motivation mais elles seront bien sûr beaucoup plus précises par la suite avec exemples, des études et bien d'autre …

Bon, rentrons dans le vif du sujet :

Voici de nombreux grands points pour développer la discipline, la motivation et augmenter sa productivité :

Définir des objectifs clairs : c'est un élément essentiel pour maintenir la discipline, la motivation et favoriser le développement personnel. Lorsque vous avez des objectifs bien définis, vous savez précisément ce que vous voulez accomplir, ce qui vous permet de rester concentré et orienté vers vos aspirations.

Pour commencer, il est important de définir vos objectifs de manière claire et spécifique. Plus votre objectif est précis, plus il sera facile de le visualiser et de le poursuivre. Par exemple, au lieu de dire "je veux être en meilleure forme", vous pourriez dire "je veux perdre 5 kilos en trois mois et améliorer mon endurance en courant 5 kilomètres sans m'arrêter".

Ensuite, il est essentiel de rendre vos objectifs mesurables. Cela signifie qu'il faut pouvoir évaluer vos progrès de manière concrète. Définissez des critères précis pour mesurer vos avancées. Par exemple, si votre objectif est d'apprendre une nouvelle compétence, vous pourriez vous fixer comme critère de réussite le fait de maîtriser un certain nombre de concepts clés ou de réaliser un projet spécifique lié à cette compétence.

En définissant des objectifs clairs et mesurables, vous pouvez établir un plan d'action plus concret. Identifiez les étapes nécessaires pour atteindre chaque objectif, et décomposez-les en sous-objectifs plus petits et réalisables. Cela vous permettra de suivre vos progrès de manière régulière et d'ajuster votre approche si nécessaire.

Établir un planning : c'est une pratique essentielle pour développer la discipline, la motivation et favoriser le développement personnel. En créant un planning, vous êtes en mesure de planifier vos tâches, de les hiérarchiser et de vous organiser de manière efficace.

Un planning vous permet de visualiser l'ensemble des tâches et des engagements auxquels vous devez faire face. Cela vous donne une vue d'ensemble claire de ce qui doit être accompli, ce qui vous aide à mieux gérer votre temps et vos ressources. Vous pouvez utiliser différentes méthodes pour créer votre planning, comme un agenda, un tableau ou des outils de gestion du temps en ligne.

Lorsque vous établissez votre planning, il est important de prioriser vos tâches. Identifiez celles qui sont les plus importantes et les plus urgentes, et accordez-leur une place de choix dans votre emploi du temps. Cela vous permettra de vous concentrer sur les tâches clés et d'éviter la procrastination.

En planifiant vos tâches, vous pouvez également définir des délais réalistes pour leur réalisation. Fixez-vous des échéances spécifiques et respectez-les autant que possible. Cela vous aidera à rester motivé et à maintenir une discipline constante pour atteindre vos objectifs.

De plus, un planning bien établi vous permet d'optimiser votre temps en évitant les retards et les situations de dernière minute. En allouant des plages horaires spécifiques à chaque tâche, vous évitez de vous disperser et de gaspiller votre énergie sur des activités non essentielles.

Il est important de garder à l'esprit que votre planning doit rester flexible. Parfois, des imprévus peuvent survenir ou certaines tâches peuvent prendre plus de temps que prévu. Dans ce cas, adaptez votre planning en conséquence, réajustez les priorités si nécessaire et soyez indulgent envers vous-même. Établir un planning vous permet de planifier vos tâches, de les hiérarchiser et de vous organiser efficacement. Priorisez vos tâches, respectez les délais fixés, de plus cela s'applique à n'importe quel domaine dans lequel vous voulez réussir muscu, business ... OU même global sur toute la journée avec plusieurs domaine .

Créer une routine régulière : C'est un élément clé pour développer la discipline, maintenir la motivation et favoriser le développement personnel. En établissant une routine, vous créez des habitudes qui vous aident à maintenir un certain niveau de discipline et de constance dans votre vie quotidienne.

Tout d'abord, une routine vous permet de structurer votre journée et d'organiser votre temps de manière efficace. En définissant des plages horaires spécifiques pour différentes activités, vous créez un cadre dans lequel vous pouvez vous concentrer sur les tâches importantes. Cela vous évite de perdre du temps et d'éviter la procrastination.

De plus, une routine régulière vous aide à conserver une discipline constante. En effectuant des activités de manière répétée à des heures précises, vous développez des habitudes qui deviennent automatiques et qui nécessitent moins d'efforts mentaux pour les accomplir. Cela renforce votre discipline et vous aide à rester motivé même lorsque la tâche peut sembler difficile.

Une routine peut également vous aider à atteindre vos objectifs de développement personnel. Par exemple, si vous souhaitez développer une compétence particulière ou lire davantage, vous pouvez dédier un créneau spécifique dans votre routine quotidienne pour travailler sur cette activité. Cela vous permet de consacrer du temps régulier à votre développement et d'atteindre progressivement vos objectifs.

Il est important de noter que votre routine doit être adaptable à votre style de vie et à vos besoins individuels. Tout le monde a des obligations et des préférences différentes, il est donc essentiel de créer une routine qui vous convient et qui est réaliste pour vous. Vous pouvez commencer par définir les activités clés que vous souhaitez inclure dans votre routine, puis les intégrer progressivement dans votre emploi du temps quotidien. Contrairement a un emploi du temp une routine est une action, une manière de faire répéter au quotidien qui peut donc permettre par exemple pour des examens de mieux retenir a force de relire avec la routine. C'est une action quotidienne qui va faire travailler votre mémoire et votre expérience .

Éviter les distractions : C'est un élément crucial pour développer la discipline, maintenir la motivation et favoriser le développement personnel. En éliminant les distractions, vous pouvez vous concentrer pleinement sur la tâche à accomplir, améliorant ainsi votre productivité et votre capacité à atteindre vos objectifs.

Tout d'abord, identifiez les principales sources de distractions dans votre environnement quotidien. Cela peut inclure les réseaux sociaux, les notifications sur votre téléphone, les e-mails inutiles, la télévision, la Play, la switch ou d'autres éléments qui détournent votre attention. Prenez conscience de ces distractions et fournissez un effort pour les éliminer ou les réduire au minimum lorsque vous travaillez sur une tâche importante.

Une approche efficace consiste à créer un environnement propice à la concentration. Établissez une zone de travail calme et organisez votre espace de manière à minimiser les distractions visuelles ou sonores. Mettez votre téléphone en mode silencieux ou en mode "Ne pas déranger" et éloignez-vous des réseaux sociaux en désactivant les notifications pendant les périodes de travail intensif.

Il peut également être utile de définir des plages horaires spécifiques consacrées uniquement aux tâches importantes. Pendant ces moments dédiés, établissez une discipline personnelle pour vous concentrer exclusivement sur la tâche en cours. Essayez de résister à la tentation de consulter vos e-mails, les réseaux sociaux ou toute autre distraction qui pourrait vous éloigner de votre objectif.

Une autre stratégie efficace consiste à utiliser des techniques de gestion du temps, telles que la technique Pomodoro. Cette méthode vous encourage à travailler sur une tâche pendant une période spécifique (par exemple, 25 minutes) sans interruption, puis à prendre une courte pause avant de reprendre. Cela vous permet de rester concentré et d'optimiser votre productivité en limitant les distractions.

Cultivez la discipline personnelle en vous fixant des objectifs à court terme et en vous engageant à les atteindre. Lorsque vous êtes conscient de vos objectifs et de leur importance, vous êtes plus motivé à rester concentré et à éviter les distractions qui pourraient entraver votre progression.

Éviter les distractions est essentiel pour développer la discipline, maintenir la motivation. Identifiez les distractions, créez un environnement propice à la concentration, définissez des plages horaires dédiées aux tâches importantes et utilisez des techniques de gestion du temps pour limiter les interruptions. En faisant preuve de discipline personnelle et en vous engageant envers vos objectifs, vous serez en mesure de maximiser votre productivité et d'accomplir plus efficacement vos tâches.

Fixer des échéances : cela vous aide à maintenir votre motivation. Lorsque vous avez une date limite à respecter, vous êtes plus enclin à vous engager pleinement dans la réalisation de vos tâches. Cela vous pousse à rester concentré, à travailler de manière efficace et à éviter la procrastination. Les échéances agissent comme des rappels réguliers de l'importance de vos objectifs, ce qui renforce votre détermination à les atteindre.

En fixant des échéances, vous pouvez également mesurer vos progrès et évaluer votre performance. Lorsque vous définissez une date butoir, vous pouvez suivre votre avancement au fil du temps et vous assurer que vous êtes sur la bonne voie pour atteindre votre objectif. Cela vous permet de rester conscient de vos réalisations, de célébrer vos réussites et de réajuster votre plan d'action si nécessaire.

Il est important de définir des échéances réalistes et réalisables. Prenez en compte vos contraintes de temps, vos ressources disponibles et la complexité de la tâche. Veillez à établir des délais raisonnables qui vous permettent de travailler de manière efficace sans vous mettre une pression excessive. L'équilibre entre des délais stimulants et réalisables est essentiel pour maintenir votre motivation et éviter le découragement.

Lorsque vous fixez des échéances, n'oubliez pas de les rendre mesurables et spécifiques. Au lieu de simplement dire "je veux terminer ce projet cette semaine", soyez plus précis en indiquant "je vais terminer les étapes 1 à 3 du projet d'ici jeudi à 17 heures". Cela vous donne une cible claire à atteindre et vous permet de suivre votre progression de manière plus précise

Enfin, soyez flexible dans votre approche des échéances. Parfois, des circonstances imprévues peuvent survenir, et il est important d'adapter vos échéances en conséquence. Si vous réalisez que vous avez besoin de plus de temps pour accomplir une tâche, réévaluez votre planning et ajustez les échéances de manière réaliste. L'important est de rester engagé envers vos objectifs et de continuer à progresser, même si cela nécessite des ajustements dans votre plan initial.

En résumé, se fixer des échéances est un moyen efficace de développer la discipline, de maintenir la motivation. Les échéances vous aident à rester motivé, à mesurer vos progrès et à évaluer votre performance. Assurez-vous de définir des échéances réalistes et spécifiques, tout en étant flexible dans votre approche. En faisant cela, vous serez en mesure de maintenir un rythme de progression constant vers l'accomplissement de vos objectifs.

S'entourer de personnes positives et motivantes : cela est une pratique fondamentale pour développer la discipline, maintenir la motivation. Votre entourage a un impact significatif sur votre état d'esprit, votre énergie et votre capacité à atteindre vos objectifs.

Tout d'abord, être entouré de personnes positives vous inspire et vous encourage. Les personnes positives ont une attitude optimiste et voient les défis comme des opportunités. Leur énergie et leur enthousiasme sont contagieux, ce qui vous motive à rester concentré et à persévérer dans vos efforts. Elles vous offrent un soutien émotionnel et vous rappellent constamment que vous êtes capable d'accomplir de grandes choses.

En vous entourant de personnes motivantes, vous bénéficiez d'un environnement qui stimule votre ambition et votre détermination. Les personnes qui ont des objectifs similaires ou qui se consacrent également au développement personnel vous incitent à repousser vos limites et à poursuivre vos aspirations. Leur présence vous rappelle l'importance de travailler dur et de persévérer, même lorsque les obstacles se dressent sur votre chemin.

L'entourage positif peut également vous apporter des perspectives nouvelles et des conseils constructifs. Les personnes qui ont déjà atteint les résultats que vous visez ou qui possèdent une expertise dans un domaine spécifique peuvent partager leurs expériences et vous offrir des conseils précieux. Leurs connaissances et leur sagesse peuvent vous guider dans votre parcours de développement personnel et vous aider à éviter les erreurs courantes.

En revanche, il est également important de vous éloigner des personnes négatives ou toxiques qui sapent votre motivation et votre discipline. Les personnes pessimistes ou celles qui ne croient pas en vos capacités peuvent vous décourager et entraver votre progression. Identifiez les relations qui vous tirent vers le bas et fournissez les efforts pour vous entourer de personnes qui vous soutiennent et vous inspirent.

Si vous ne disposez pas immédiatement d'un cercle social positif, recherchez des communautés ou des groupes qui partagent vos intérêts et vos objectifs. Les clubs, les associations professionnelles ou les forums en ligne peuvent vous mettre en contact avec des personnes partageant les mêmes aspirations. Participer à des événements, des conférences ou des ateliers liés à vos centres d'intérêt peut également vous permettre de rencontrer des individus motivants.

Cherchez des relations qui vous inspirent, vous soutiennent et vous encouragent. Évitez les personnes négatives ou toxiques qui peuvent entraver votre progression. L'environnement social dans lequel vous évoluez joue un rôle crucial dans votre état d'esprit et votre capacité à atteindre vos objectifs, donc choisissez judicieusement votre entourage.

Faire des pauses régulières : c'est une pratique essentielle pour développer la discipline, maintenir la motivation. En accordant à votre esprit et à votre corps des moments de repos et de récupération, vous rechargez vos batteries, améliorez votre concentration et prévenez le risque de burn-out.

Tout d'abord, prendre des pauses régulières permet de recharger vos énergies. Lorsque vous vous consacrez intensément à une tâche pendant une période prolongée, votre concentration et votre productivité peuvent diminuer avec le temps. En prenant des pauses, vous offrez à votre cerveau une occasion de se reposer, de se détendre et de récupérer, ce qui vous permet de revenir à vos activités avec une énergie renouvelée.

Les pauses régulières favorisent également la concentration et la productivité. Lorsque vous vous accordez des moments de repos, vous permettez à votre esprit de se détacher temporairement de la tâche en cours. Cela favorise la clarté mentale, réduit le stress et vous aide à maintenir un niveau de concentration élevé lorsque vous reprenez votre travail. Les pauses vous permettent également de prendre du recul, de réfléchir à votre progression et de revoir votre approche si nécessaire.

Prendre des pauses régulières contribue également à prévenir le burn-out. Le burn-out survient lorsque vous êtes continuellement soumis à un stress excessif et à une pression intense, sans périodes de récupération adéquates. En faisant des pauses régulières, vous réduisez le risque de fatigue mentale et émotionnelle, et vous favorisez un équilibre sain entre le travail et le repos. Cela vous permet de maintenir une performance optimale à long terme et de préserver votre bien-être.

Il est important de déterminer la fréquence et la durée des pauses en fonction de vos besoins individuels et du type de tâches que vous effectuez. Certaines personnes préfèrent faire de courtes pauses toutes les heures, tandis que d'autres préfèrent des pauses plus longues après une période de travail intense. Écoutez votre corps et adaptez vos pauses en conséquence.

Profitez de vos pauses pour vous détendre et vous ressourcer. Faites une promenade, méditez, étirez-vous, écoutez de la musique ou faites toute autre activité qui vous permet de vous déconnecter temporairement de votre travail. Utilisez ces moments pour prendre soin de vous et pour faire quelque chose qui vous procure du plaisir.

Les pauses vous aident à recharger vos énergies, à améliorer votre concentration, à prévenir le burn-out et à maintenir un équilibre sain entre le travail et le repos. Accordez-vous des moments de détente et de récupération, adaptés à vos besoins individuels, pour optimiser votre bien-être et votre performance. Attention quand même on parle de pause donc pas trop longue non plus ou alors pas beaucoup ce sont des poses pas des arrêt total et après on a la flemme attention.

Se fixer des limites : En établissant des limites claires, vous vous protégez contre la surcharge de travail, le stress excessif et l'épuisement.

Tout d'abord, il est important de définir vos priorités et de vous concentrer sur les tâches les plus importantes. En vous fixant des limites, vous vous assurez de consacrer du temps et de l'énergie aux activités qui ont le plus d'impact et qui sont alignées avec vos objectifs. Cela vous permet de vous concentrer sur l'essentiel et d'éviter de vous disperser dans des tâches non prioritaires.

En se fixant des limites, vous préservez également votre santé physique et mentale. Le surmenage et le manque de repos peuvent entraîner une diminution de la productivité, une détérioration de la santé et une baisse de la motivation. En définissant des limites sur le nombre d'heures de travail, les moments de repos et les activités de détente, vous veillez à maintenir un équilibre sain entre votre vie professionnelle et personnelle.

Pour vous aider à vous fixer des limites, il peut être utile de planifier votre emploi du temps de manière réaliste. Définissez des heures de travail régulières, des moments dédiés à des activités de loisirs, à la détente et au repos. Respectez ces limites et évitez de déborder sur des plages horaires qui ne sont pas prévues pour le travail. Cela vous permet de structurer votre journée de manière équilibrée et de vous assurer que chaque aspect de votre vie reçoit l'attention nécessaire.

Enfin, soyez conscient de vos propres limites physiques et émotionnelles. Apprenez à reconnaître les signes de fatigue, de stress excessif ou de surcharge. Lorsque vous atteignez vos limites, prenez le temps de vous reposer, de vous ressourcer et de prendre soin de vous. Cela vous permet de récupérer, de prévenir l'épuisement professionnel et de maintenir votre bien-être global. Se fixer des limites est essentiel pour développer la discipline et maintenir l'équilibre. Définissez vos priorités, apprenez à dire non lorsque cela est nécessaire et planifiez votre emploi du temps de manière réaliste. Respectez vos limites physiques et émotionnelles, et prenez le temps de vous reposer et de prendre soin de vous. En faisant cela, vous préservez votre énergie, votre santé et votre motivation pour vous consacrer aux tâches les plus importantes et à votre bien-être global. Bien sûr la grosse erreur à ne pas faire est de tomber dans la facilité et de se donner des limites trop simple et trop facile pour vous. SI vous visez le sommet alors commencer déjà par le viser dans vos objectifs et dans vos tâches à accomplir.

Maintenir une attitude positive : c'est une pratique puissante car une attitude positive vous permet de rester résilient face aux défis, de maintenir votre enthousiasme et de trouver des opportunités dans les situations difficiles.

Tout d'abord, une attitude positive vous aide à rester motivé et engagé dans vos objectifs. Lorsque vous adoptez une perspective optimiste, vous êtes plus enclin à croire en vos capacités et à persévérer malgré les obstacles. Vous êtes capable de vous concentrer sur les solutions plutôt que de vous laisser décourager par les problèmes. Cette mentalité positive renforce votre détermination et vous encourage à continuer à avancer, même lorsque les choses deviennent difficiles. Toujours garder cette attitude et ne jamais agir ou prendre des décisions sous l'effet de la colère ou de la tristesse c'est comme cela que l'on prend des mauvaises décisions que l'on regrette.

En cultivant une attitude positive, vous développez également une vision plus large.et cela vous permet de garder votre calme et de paraître indestabilisable. Ici on parle d'attitude positive et pas de pense positive un autre point que nous aborderons plus tard donc attitude positive garder le sourire être calme bombe le torse levé la tête.

Se fixer des défis : Les défis vous permettent de sortir de votre zone de confort, de repousser vos limites et de maintenir un niveau élevé de motivation.

Lorsque vous vous fixez des défis, vous créez des objectifs ambitieux qui exigent de vous des efforts supplémentaires. Ces défis vous poussent à aller au-delà de ce que vous avez déjà accompli, ce qui vous permet de développer de nouvelles compétences, de gagner en confiance et de découvrir votre plein potentiel. Ils vous offrent une motivation constante pour continuer à progresser et à vous améliorer.

En vous fixant des défis, vous sortez de votre zone de confort. La zone de confort représente cet espace où vous vous sentez à l'aise et en sécurité, mais où vous ne faites pas nécessairement de progrès significatifs. Les défis vous obligent à vous confronter à de nouvelles expériences, à relever des obstacles et à faire face à l'inconnu. Cela peut être parfois inconfortable, mais c'est dans ces moments que vous vous développez le plus.

Les défis vous aident à renforcer votre résilience. Lorsque vous vous confrontez à des difficultés et que vous les surmontez avec succès, vous développez une confiance en vous et une capacité à faire face à l'adversité. Vous apprenez à persévérer malgré les échecs et les revers, et cela renforce votre discipline et votre détermination.

Pour vous fixer des défis efficacement, il est important de définir des objectifs clairs, mesurables et réalisables. Ces objectifs doivent être suffisamment stimulants pour vous sortir de votre zone de confort, mais également réalistes pour que vous ayez une chance raisonnable de les atteindre. Cela vous permet de maintenir votre motivation en constatant les progrès que vous réalisez tout au long du chemin.

De plus, ne craignez pas de sortir des sentiers battus et d'explorer de nouvelles opportunités. Les défis peuvent prendre différentes formes, que ce soit dans votre vie professionnelle, personnelle, sociale ou physique. Que ce soit apprendre une nouvelle compétence, participer à un défi sportif ou entreprendre un projet ambitieux, chaque défi que vous vous fixez vous offre une occasion d'apprendre, de grandir et de vous épanouir. Cela va de soi il faut aussi doser, pour savoir quand il est bon de sortir de zone de confort mais aussi quand il est bon de y rester afin de performer.

Faire de l'exercice physique régulièrement : L'exercice physique présente de nombreux avantages pour votre bien-être global, tant sur le plan physique que mental.

Tout d'abord, l'exercice physique est un excellent moyen de réduire le stress. Lorsque vous vous engagez dans une activité physique, votre corps libère des endorphines, des neurotransmetteurs qui améliorent votre humeur et vous procurent une sensation de bien-être. L'exercice est une forme de libération d'énergie et de tension accumulée, ce qui contribue à réduire les niveaux de stress et à favoriser une meilleure gestion des émotions.

Même si le sport n'est pas forcément le domaine dans lequel vous voulez excellée il est important pour sa sante de garder une bonne santé avec un minimum d'exercice physique qui varie en fonction de chacun c'est extrêmement bien.

La méditation et la pratique de la relaxation : Ces pratiques vous aident à vous recentrer, à réduire le stress et à cultiver une attention soutenue.

La méditation implique de se concentrer sur l'instant présent, en portant une attention consciente sur votre respiration, vos sensations corporelles ou vos pensées, sans les juger. En pratiquant régulièrement la méditation, vous apprenez à calmer votre esprit, à vous détacher des pensées parasites et à cultiver une plus grande clarté mentale. Cela vous permet de mieux vous concentrer sur vos tâches, d'améliorer votre capacité d'attention et de maintenir une présence consciente dans toutes les activités que vous entreprenez.

La pratique de la relaxation, quant à elle, vise à réduire les tensions musculaires et à favoriser une détente profonde. Elle peut prendre différentes formes, telles que des exercices de respiration profonde, des techniques de visualisation ou des séances de relaxation guidée. En vous accordant des moments de relaxation, vous diminuez les niveaux de stress, vous régulez vos émotions et vous favorisez un état de calme intérieur. Cela vous permet de récupérer plus rapidement, de maintenir votre équilibre émotionnel et de prévenir le burn-out.

La méditation et la relaxation peuvent être pratiquées à différents moments de la journée, en fonction de vos préférences et de vos besoins. Il est recommandé de leur consacrer quelques minutes chaque jour pour en tirer pleinement les bienfaits. Vous pouvez les intégrer dans votre routine matinale pour commencer la journée avec calme et clarté d'esprit, ou les pratiquer en fin de journée pour vous détendre et favoriser un sommeil réparateur.

Pour pratiquer la méditation, trouvez un endroit calme et confortable où vous pouvez vous asseoir en silence. Fermez les yeux, concentrez-vous sur votre respiration et laissez les pensées passer sans vous y attacher. Commencez par de courtes séances de quelques minutes, puis augmentez progressivement la durée au fur et à mesure de votre pratique.

La relaxation peut être pratiquée à l'aide de techniques spécifiques, comme la respiration profonde. Prenez des respirations lentes et profondes, en inspirant par le nez et en expirant par la bouche. Vous pouvez également combiner la respiration avec des visualisations positives, en imaginant un lieu paisible ou en visualisant une lumière bienfaisante qui vous enveloppe.

Apprendre à dire non : Savoir dire non vous permet de vous concentrer sur les tâches importantes, de gérer votre temps de manière efficace et de préserver votre énergie.

Lorsque vous apprenez à dire non, vous êtes en mesure de définir vos priorités et de vous engager dans des activités qui sont alignées avec vos objectifs et vos valeurs. Cela signifie que vous pouvez concentrer votre temps et votre énergie sur les tâches qui sont vraiment importantes pour vous, plutôt que de vous laisser distraire par des demandes ou des engagements qui ne contribuent pas à votre développement personnel ou professionnel.

Dire non de manière respectueuse et assertive vous permet également de fixer des limites claires. Cela vous aide à prévenir la surcharge de travail, le stress excessif et le sentiment d'être submergé. En disant non aux demandes qui ne sont pas essentielles ou qui ne correspondent pas à vos priorités, vous créez de l'espace pour vous consacrer aux activités qui sont réellement significatives et qui vous apportent une valeur ajoutée.

Apprendre à dire non nécessite parfois de surmonter la peur de décevoir les autres ou d'être jugé. Il est important de comprendre que dire non n'est pas un signe d'égoïsme, mais plutôt une décision éclairée pour préserver votre bien-être et votre efficacité. En vous respectant et en honorant vos propres besoins, vous pouvez mieux servir les autres de manière authentique et responsable.

Pour apprendre à dire non, commencez par clarifier vos priorités et vos objectifs. Identifiez ce qui est vraiment important pour vous et ce qui contribue à votre développement personnel ou professionnel. Lorsqu'une demande ou une opportunité se présente, évaluez-la en fonction de ces critères. Si elle ne correspond pas à vos priorités ou si elle risque de vous détourner de vos objectifs, n'hésitez pas à dire non de manière respectueuse et claire.

Pratiquez également la communication assertive. Exprimez votre refus de manière calme, ferme et sans agressivité. Expliquez vos raisons de manière concise et polie, sans vous sentir obligé de vous justifier excessivement. Soyez honnête et respectueux envers l'autre personne tout en préservant vos propres limites.

Il est également important de se rappeler qu'il est acceptable de dire non de manière proactive, plutôt que d'attendre d'être submergé par les demandes. Anticipez vos engagements et apprenez à reconnaître vos limites. En vous organisant de manière proactive, vous serez en mesure de prendre des décisions éclairées et de dire non lorsque cela est nécessaire.

Apprendre à dire non est une compétence précieuse pour développer la discipline, maintenir la motivation et favoriser le développement personnel. En vous concentrant sur les tâches importantes, en fixant des limites claires et en respectant vos priorités, vous pouvez préserver votre énergie et maximiser votre efficacité. Pratiquez la communication assertive et prenez des décisions éclairées pour dire non de manière respectueuse et équilibrée. De plus beaucoup pense que dire non a autrui peut l'embêter est être grave alors que dans la plupart du temp ça ne dérange pas plus la personne que ça c'est que dans votre tète n'oublier pas que tout le monde ne pense pas comme vous.

Se fixer des récompenses : cela peut-être pour beaucoup une excellente stratégie de motivation pour atteindre ses objectifs. L'idée est de se récompenser après avoir accompli une tâche importante ou atteint un objectif spécifique. Ces récompenses peuvent être de différentes natures : prendre un moment de détente, s'offrir un petit plaisir comme un bon repas ou un objet que l'on convoitait, ou encore faire une activité que l'on aime particulièrement.

Il est important que les récompenses soient en lien avec les objectifs que l'on s'est fixés, afin de renforcer l'association entre les deux et de maintenir la motivation. Par exemple, si l'on s'est fixé l'objectif de passer une certification dans un domaine professionnel, la récompense pourrait être de s'offrir un voyage dans un pays où l'on pourra pratiquer cette compétence nouvellement acquise. Ou encore un bien matériel comme une montre.

Il est également important de ne pas se récompenser systématiquement après chaque tâche accomplie, car cela peut conduire à une perte de motivation et à une dépendance aux récompenses. Il est préférable de se fixer des objectifs à plus long terme et de prévoir une récompense lorsque ceux-ci sont atteints. De cette manière, la récompense est perçue comme un accomplissement, plutôt que comme une simple gratification.

La procrastination : C'est un véritable fléau pour la productivité et la motivation. Elle consiste à reporter au lendemain des tâches que l'on pourrait accomplir dans l'immédiat. Elle peut être causée par plusieurs facteurs tels que la peur de l'échec, la difficulté à se concentrer ou encore un manque de motivation.

Pour éviter la procrastination, il est important de se fixer des objectifs clairs et mesurables, et de les intégrer dans un planning régulier. Ensuite, il est important de se concentrer sur une tâche à la fois et de se fixer des échéances pour chaque tâche.

Il est également utile d'identifier les sources de distraction et de les éliminer autant que possible. Cela peut passer par la désactivation des notifications sur les réseaux sociaux, l'utilisation d'un bloqueur de site web, ou encore la mise en place de règles strictes en matière d'utilisation de l'ordinateur ou du téléphone portable, comme dit précédemment

Enfin, il est important de prendre conscience des moments où l'on est le plus productif et de planifier les tâches les plus importantes pour ces moments-là. Cela permet d'optimiser son temps et de maximiser sa productivité.

La gestion du temps : La gestion efficace du temps est essentielle pour maximiser votre productivité et atteindre vos objectifs plus rapidement. Vous pouvez commencer par définir vos priorités et établir un horaire réaliste pour vos activités quotidiennes. Il est également important de rester concentré sur une tâche à la fois et d'éviter les interruptions inutiles , dans la plus part des cas ce n'est pas en fessant deux choses à la fois que on est plus performent au contraire car nous somment est perdu et moins efficace sur les taches précise essayé de gérer votre temp au mieux pour ne pas avoir à se presser a bâcler une tache et donc à faire n'importe quoi , bien sûr ce n'est pas le cas dans toute les situations il y en a dans les quels faire deux choses à la fois et propice à la situation , à vous d'en juger . Vous pouvez également utiliser des outils de gestion du temps tels que des listes de tâches, des calendriers et des minuteries pour vous aider à suivre votre progression. Si cela peut vous facilite n'hésitez pas à utiliser des calendrier papier. Et si vous le pouvez n'hésitez pas à garder votre calendrier qu'il soit papier ou numérique de ce fait vous pourrez donc vous rendre compte de tout ce que vous avez déjà fait, de toutes les étapes de toutes les heures franchisses. Nous l'avion dit précédemment établir un planning et une routine cela rentre entièrement dans le faite de gérer efficacement sont temp.

La pensée positive : Elle joue un rôle essentiel dans le développement personnel, la motivation et la discipline. Elle consiste à adopter une attitude optimiste, à focaliser son attention sur les aspects positifs de chaque situation et à cultiver des pensées constructives.

En adoptant une pensée positive, vous développez une perspective optimiste qui vous aide à rester motivé face aux défis et aux obstacles. Au lieu de vous concentrer sur les difficultés, vous cherchez activement les solutions et les opportunités qui se présentent. Cette approche vous permet de maintenir votre élan et de persévérer malgré les difficultés.

La pensée positive a également un impact sur votre bien-être émotionnel. Elle favorise la gestion du stress, réduit l'anxiété et améliore votre état d'esprit global. En étant conscient de vos pensées et en les orientant vers le positif, vous créez un cercle vertueux qui alimente votre motivation et renforce votre discipline.

Pour cultiver la pensée positive, il est important de prêter attention à vos pensées et à votre dialogue intérieur. Soyez conscient des pensées négatives qui peuvent surgir et remplacez-les consciemment par des pensées positives. Par exemple, si vous vous surprenez à penser "Je ne suis pas capable", transformez cette pensée en "Je suis prêt à relever ce défi et à apprendre de nouvelles compétences".

Il est également utile de pratiquer la gratitude. Prenez le temps chaque jour pour réfléchir aux aspects positifs de votre vie, aux choses pour lesquelles vous êtes reconnaissant. Cela vous permet de développer une attitude de gratitude qui renforce votre bien-être émotionnel et votre motivation.

Enfin, entourez-vous d'un environnement positif. Choisissez de fréquenter des personnes optimistes et motivantes, lisez des livres inspirants, écoutez des podcasts ou des conférences qui vous nourrissent positivement. L'influence de votre environnement sur votre état d'esprit est significative, alors veillez à créer un environnement qui favorise la pensée positive.

. En adoptant une attitude optimiste, en focalisant sur le positif et en cultivant la gratitude, vous renforcez votre bien-être émotionnel et votre motivation à poursuivre vos objectifs.

L'auto-analyse : Cela consiste à prendre du recul, à se questionner et à évaluer ses propres actions, comportements, forces et faiblesses.

L'auto-analyse permet de mieux se connaître soi-même et de prendre conscience de ses habitudes, de ses motivations et de ses schémas de pensée. C'est une occasion de réfléchir sur ses réussites, ses échecs, et de comprendre ce qui fonctionne bien et ce qui peut être amélioré.

Pour pratiquer l'auto-analyse, il est utile de réserver du temps régulier pour se poser des questions introspectives. Vous pouvez tenir un journal où vous notez vos réflexions, vos observations et vos découvertes sur vous-même. Voici quelques questions qui peuvent vous aider dans ce processus :

Quels sont mes objectifs et mes aspirations ? Sont-ils alignés avec mes valeurs ?

Quelles sont mes forces et mes faiblesses ? Comment puis-je capitaliser sur mes forces et travailler sur mes faiblesses ?

Quels sont les schémas de pensée qui m'influencent positivement ou négativement ? Comment puis-je développer une pensée plus constructive et positive ?

Quelles sont les actions ou les comportements qui me rapprochent de mes objectifs ? Quelles sont ceux qui me freinent ?

Comment est-ce que je gère mon temps et mes priorités ? Y a-t-il des ajustements à faire ?

Comment est-ce que je réagis face aux échecs ou aux obstacles ? Comment puis-je développer ma résilience et ma capacité à rebondir ?

Quelles sont les activités ou les situations qui me procurent de la joie, de l'énergie et de la motivation ? Comment puis-je les intégrer davantage dans ma vie quotidienne ?

Comment est-ce que je me comporte dans mes relations avec les autres ? Quels sont mes schémas de communication et comment puis-je les améliorer ?

Quels sont les apprentissages que je tire de mes expériences passées ? Comment puis-je les utiliser pour grandir et évoluer ?

L'auto-analyse demande de l'honnêteté envers soi-même et une ouverture à l'apprentissage et à l'amélioration continue. Il est important de ne pas se juger sévèrement, mais plutôt de voir cette pratique comme une occasion de croissance personnelle.

La persévérance : c'est une qualité essentielle pour développer la discipline et maintenir la motivation. Elle consiste à persister dans ses efforts malgré les obstacles, les échecs et les difficultés rencontrées sur le chemin de l'accomplissement de ses objectifs.

La persévérance est une force intérieure qui nous pousse à continuer à avancer, même lorsque les résultats ne sont pas immédiats ou lorsque nous faisons face à des moments de découragement. C'est la capacité à rester concentré sur nos objectifs à long terme, à garder une vision claire de ce que nous voulons atteindre et à travailler régulièrement pour y parvenir.

Pour cultiver la persévérance, il est important de se rappeler de quelques points clés :

Clarté des objectifs : Avoir des objectifs clairs et précis permet de rester focalisé sur ce que l'on souhaite accomplir. Définissez vos objectifs de manière spécifique et réaliste, et gardez-les à l'esprit tout au long de votre parcours

Mentalité de croissance : Adoptez une mentalité de croissance qui vous permet de voir les obstacles et les échecs comme des opportunités d'apprentissage. Considérez chaque difficulté comme une occasion de grandir et de vous améliorer.

Résilience émotionnelle : Apprenez à gérer les émotions négatives telles que le découragement, le doute ou la frustration. Cultivez des techniques de gestion du stress et trouvez des stratégies qui vous aident à maintenir votre motivation même dans les moments difficiles.

Planification et organisation : Établissez un plan d'action clair et organisez-vous de manière à avancer régulièrement vers vos objectifs. Cela vous aidera à maintenir votre motivation et à voir vos progrès au fil du temps.

Soutien et encouragement : Entourez-vous de personnes positives et encourageantes qui vous soutiennent dans votre parcours. Partagez vos objectifs et vos progrès avec eux et sollicitez leur soutien lorsque vous en avez besoin.

Appréciez les petites victoires : Célébrez vos réussites, même les plus petites. Reconnaître vos accomplissements vous donne un regain de motivation et renforce votre confiance en vous.

Flexibilité et ajustements : Soyez prêt à vous adapter et à ajuster votre approche si nécessaire. Parfois, les chemins vers nos objectifs peuvent changer, et il est important d'être flexible et ouvert aux ajustements nécessaires pour continuer à progresser.

La persévérance est une qualité qui s'apprend et se développe avec le temps. Plus vous pratiquez la persévérance, plus vous renforcez votre résilience et votre détermination à surmonter les obstacles. Elle vous permet de rester engagé dans vos efforts et de réaliser des résultats significatifs à long terme.

Souvenez-vous que la persévérance est une vertu qui peut vous mener vers de grandes réalisations et vous aider à atteindre vos objectifs les plus ambitieux. Alors, continuez à avancer, même lorsque le chemin devient difficile, car c'est là que se trouvent les opportunités de croissance et de réussite. C'est souvent lorsque on s'y attend le moins et que l'on a envie d'arrêter que l'on performe il faut continuer et lever la tête.

La prise de risque : c'est un aspect important du développement personnel et de la motivation. Elle consiste à sortir de sa zone de confort et à faire face à l'incertitude et à l'inconnu pour atteindre ses objectifs et réaliser son plein potentiel.

La prise de risque implique d'oser faire quelque chose de nouveau, de défier les limites et de faire face à la possibilité d'échec. C'est un acte courageux qui demande confiance en soi, ouverture d'esprit et volonté d'apprendre de nouvelles compétences.

Voici quelques points clés à considérer pour embrasser la prise de risque de manière constructive :

Évaluez les risques et les avantages : Avant de prendre un risque, prenez le temps d'évaluer les différents scénarios possibles. Considérez les conséquences potentielles, mais également les opportunités et les avantages que cela pourrait apporter. Cela vous permettra de prendre des décisions éclairées.

Sortez de votre zone de confort progressivement : Vous n'avez pas besoin de prendre des risques énormes dès le départ. Commencez par de petits défis qui vous mettent légèrement mal à l'aise, puis augmentez progressivement le niveau de difficulté. Cela vous permettra de développer votre confiance en vous et votre capacité à faire face à des situations plus audacieuses.

Apprenez de l'échec : La prise de risque comporte toujours le risque d'échec, mais il est important de voir l'échec comme une occasion d'apprendre et de grandir. Analysez ce qui n'a pas fonctionné, tirez-en des leçons et utilisez ces enseignements pour vous améliorer et retenter votre chance.

Cultivez une mentalité de croissance : Adoptez une mentalité de croissance qui vous permet de voir les défis et les risques comme des opportunités d'apprentissage et de développement. Croyez en votre capacité à vous adapter, à acquérir de nouvelles compétences et à surmonter les obstacles qui se présentent.

Entourez-vous de soutien : Lorsque vous prenez des risques, il peut être utile d'avoir un réseau de soutien. Cherchez des personnes qui vous encouragent, vous inspirent et vous motivent à sortir de votre zone de confort. Leur soutien et leurs conseils peuvent vous aider à renforcer votre confiance et à surmonter les doutes qui pourraient surgir.

Soyez prêt à ajuster votre trajectoire : La prise de risque implique souvent de prendre des décisions rapides et de s'adapter aux résultats et aux circonstances changeantes. Soyez ouvert à ajuster votre trajectoire si nécessaire, tout en restant aligné sur vos objectifs à long terme.

Sans prise de risques pas de réussite, aucune des personne riche ou mondialement connu n'ont pas pris des risques, on ne sait jamais si ce que l'on fait faire va marcher mais si vous n'en prenez pas c'est sûre que cela ne fonctionnera pas. Comme les investissements par exemple. La prise de risque peut être stimulante et enrichissante, car elle vous permet de repousser vos limites et de découvrir de nouvelles possibilités. En embrassant la prise de risque de manière réfléchie et courageuse. vous développez votre confiance en vous.

Célébrer vos succès : cela crée un cercle vertueux de motivation et de confiance en vous. Lorsque vous reconnaissez vos réussites, vous renforcez votre estime de soi et votre croyance en votre capacité à atteindre vos objectifs. Cela vous motive à persévérer dans vos efforts et à viser des réalisations encore plus grandes.

La célébration de vos succès peut prendre différentes formes en fonction de vos préférences personnelles. Il peut s'agir de petites actions comme se féliciter mentalement, prendre quelques instants pour vous récompenser ou noter vos réalisations dans un journal. Vous pouvez également organiser des moments de célébration plus formels, tels que des sorties, des rencontres avec des amis ou des proches, ou même une petite fête pour marquer une étape importante.

En célébrant vos succès, il est essentiel de prendre conscience de l'effort et du travail que vous avez investis pour les atteindre. Prenez le temps de reconnaître les étapes que vous avez franchies, les obstacles que vous avez surmontés et les leçons que vous avez apprises en cours de route. Cette réflexion vous permettra de mesurer votre croissance personnelle et de vous sentir fier de vos réalisations.

La célébration de vos succès ne doit pas être limitée aux résultats finaux. Il est tout aussi important de reconnaître les progrès et les petits accomplissements en cours de route. Cela vous aide à maintenir votre motivation et à rester engagé dans votre cheminement personnel. Même les plus petites victoires méritent d'être célébrées, car elles contribuent à votre développement global.

En partageant vos succès avec les autres, vous créez un environnement de soutien et d'encouragement mutuel. Cela peut être bénéfique à la fois pour vous et pour les personnes qui vous entourent. Lorsque vous partagez vos réussites, vous inspirez les autres et les incitez à poursuivre leurs propres objectifs. De plus, recevoir les félicitations et les encouragements des autres renforce votre confiance en vous et vous motive à continuer à vous développer.

Enfin, n'oubliez pas que la célébration de vos succès ne signifie pas l'arrêt de vos efforts. Utilisez ces moments de reconnaissance pour recharger votre motivation et établir de nouveaux objectifs. Continuez à vous fixer des défis stimulants et à avancer dans votre développement personnel. La célébration devient ainsi un catalyseur pour vous propulser vers de nouvelles réalisations et une croissance continue. Comme dit un peu avant s'offrir des cadeaux pour se récompenser fait donc aussi partis de ce passage car c'est une manière de célébrer.

La confiance en soi : un concept complexe et multifacette qui joue un rôle crucial dans notre bien-être et notre épanouissement personnel. Voici quelques développements supplémentaires pour approfondir votre compréhension de la confiance en soi :

La confiance en soi repose sur une perception positive de vos capacités, de votre valeur et de votre potentiel. Elle vous permet de croire en votre capacité à faire face aux défis, à prendre des décisions éclairées et à atteindre vos objectifs. Elle vous donne également la force de persévérer malgré les revers et les obstacles.

La confiance en soi se construit progressivement au fil du temps. Elle est le fruit d'une combinaison d'expériences, de réussites passées, de compétences acquises et de croyances positives. Chaque petite victoire renforce votre confiance en vous et vous encourage à aller de l'avant.

Une estime de soi solide est un pilier essentiel de la confiance en soi. En développant une image positive de vous-même, en vous accordant de l'amour et du respect, vous renforcez votre confiance en vos capacités. Cultivez une attitude bienveillante envers vous-même et évitez de vous comparer aux autres, car cela peut miner votre confiance.

La confiance en soi est influencée par votre environnement et vos interactions sociales. Les encouragements et les retours positifs de votre entourage peuvent renforcer votre confiance en vous. Entourez-vous de personnes positives et bienveillantes qui vous soutiennent dans votre cheminement personnel.

La confiance en soi est étroitement liée à la compétence et à l'expérience. Investissez dans votre développement personnel en acquérant de nouvelles compétences, en vous formant et en vous améliorant constamment. Plus vous vous sentirez compétent dans un domaine donné, plus votre confiance en vous augmentera.

Une communication efficace joue également un rôle clé dans la confiance en soi. Apprenez à exprimer vos idées, vos opinions et vos besoins de manière assertive. L'expression de soi claire et confiante renforce votre estime de vous-même et vous permet de vous affirmer dans vos relations personnelles et professionnelles.

La confiance en soi n'est pas statique, elle peut fluctuer en fonction des circonstances et des défis auxquels vous êtes confronté. Il est important de cultiver des stratégies d'adaptation et de résilience pour faire face aux moments de doute et de remise en question. Apprenez à vous soutenir, à vous encourager et à vous rappeler vos forces et vos succès passés

N'oubliez pas qu'une personne sur d'elle qui affirme ces opinons sans bégayer seras toujours plus prise au sérieux et plus mis en valeurs. Par exemple pour un gros près à la banque ou une grande somme d'argent demandé à un proche si vous êtes sûr de vous et que vous affirme remboursement sans bégayer il y'a beaucoup plus de chance que cela soit accepter que si vous n'avez pas ce comportement.

La créativité : une qualité essentielle pour le développement personnel. Elle permet d'explorer, d'innover et de trouver de nouvelles perspectives. Voici quelques développements supplémentaires pour approfondir votre compréhension de la créativité :

La créativité est une capacité humaine fondamentale présente en chacun de nous. Elle consiste à générer des idées, des concepts et des solutions uniques en combinant des informations, des expériences et des perspectives différentes. La créativité ne se limite pas à l'art ou à la musique, elle peut être appliquée dans tous les domaines de la vie, que ce soit dans le travail, les relations personnelles ou les projets personnels.

La créativité favorise l'expression de soi et permet de donner vie à notre individualité. Elle nous offre la possibilité de nous exprimer d'une manière authentique et unique. En embrassant notre créativité, nous nous connectons à notre voix intérieure et trouvons des moyens uniques de communiquer, de partager nos émotions et de donner forme à nos idées.

La créativité est un processus non linéaire. Elle implique souvent une exploration, une expérimentation et des erreurs. Il est important de cultiver un esprit ouvert et de ne pas craindre l'échec. Les erreurs peuvent être des occasions d'apprentissage et de découverte. La créativité demande également de la persévérance et de la détermination pour surmonter les obstacles et les blocages.

La créativité peut être encouragée et développée par des pratiques régulières. Elle peut inclure des activités telles que l'écriture libre, le dessin, la danse, la méditation, la résolution de problèmes créatifs ou même la simple observation du monde qui nous entoure. En faisant de la créativité une habitude, nous stimulons notre imagination et nous renforçons notre capacité à trouver des solutions innovantes.

La créativité est également favorisée par un environnement propice. Entourez-vous d'objets inspirants, de livres, de musique ou d'œuvres d'art qui stimulent votre imagination. Collaborez avec des personnes créatives et échangez des idées. Créez un espace physique ou mental où vous vous sentez libre de vous exprimer et d'explorer vos idées sans jugement.

La créativité peut apporter de nombreux bienfaits au développement personnel. Elle stimule la pensée critique, la résolution de problèmes, la flexibilité mentale et la capacité à voir les choses sous différents angles. Elle permet également de libérer le stress, de favoriser l'estime de soi et d'améliorer le bien-être général.

La créativité ne doit pas être limitée par des attentes externes ou des normes sociales. Il est important de cultiver une mentalité ouverte et de s'autoriser à prendre des risques créatifs. Laissez-vous aller à votre imagination, à vos passions et à vos intérêts, sans vous soucier du jugement des autres. N'hésitez pas à utiliser cette originalité comme pour la création de site internet elle vous donnera certainement une touche d'originalité ou même à utiliser cette originalité pour plein d'autre domaine c'est une qualité à ne pas négliger.

La communication efficace : elle consiste à transmettre clairement et de manière concise vos idées, vos besoins et vos sentiments aux autres. Elle implique également la capacité d'écouter activement, de comprendre et de répondre de manière appropriée aux messages des autres.

Elle repose sur la clarté et la concision. Il est important d'exprimer vos idées de manière précise et accessible, en évitant les ambiguïtés et les malentendus. Utilisez un langage simple, des exemples concrets et des explications bien structurées pour transmettre vos messages de manière compréhensible.

L'écoute active est une compétence essentielle de la communication efficace. Écoutez attentivement les autres en portant une attention soutenue à ce qu'ils disent, en faisant preuve d'empathie et en étant ouvert à différentes perspectives. Posez des questions pour clarifier leur point de vue et répondez de manière appropriée à leurs besoins et à leurs préoccupations.

La communication efficace implique également la gestion des émotions. Apprenez à exprimer vos sentiments de manière constructive et assertive, en évitant l'agressivité ou la passivité. Utilisez des techniques de communication non violente pour exprimer vos désaccords de manière respectueuse et ouverte.

La communication efficace se nourrit de l'authenticité. Soyez vous-même dans vos interactions, en exprimant vos pensées, vos opinions et vos valeurs avec honnêteté et intégrité. La transparence favorise la confiance et renforce les relations interpersonnelles.

La communication efficace implique également l'adaptation à votre auditoire. Tenez compte du contexte, des besoins et des préférences de vos interlocuteurs pour adapter votre langage, votre ton et votre style de communication. Soyez attentif aux signaux non verbaux et à l'impact de votre communication sur les autres.

La communication efficace ne se limite pas aux mots. Utilisez des compétences non verbales telles que le langage corporel, les expressions faciales et la tonalité de la voix pour renforcer votre message. Veillez à ce que votre communication verbale et non verbale soient cohérentes et transmettent le même message.

La communication efficace nécessite également la réceptivité aux commentaires et aux critiques constructives. Soyez ouvert à recevoir des retours d'information, même si cela peut être difficile par moments. Utilisez ces retours pour vous améliorer et développer vos compétences en communication.

La communication efficace favorise des relations saines et harmonieuses. Elle permet de résoudre les conflits, de renforcer la collaboration et de favoriser la compréhension mutuelle. En améliorant vos compétences en communication, vous pouvez établir des liens plus solides avec les autres et éviter les malentendus ou les conflits inutiles.

La capacité d'apprentissage : elle se réfère à notre aptitude à acquérir de nouvelles connaissances, compétences et perspectives tout au long de notre vie. Elle englobe la curiosité, la volonté d'explorer de nouvelles idées et la capacité à s'adapter à un monde en constante évolution.

La curiosité est un moteur essentiel de la capacité d'apprentissage. Cultivez une mentalité curieuse et ouverte, posez des questions, recherchez de nouvelles informations et remettez en question vos propres idées et croyances. Soyez avide de nouvelles expériences et prêt à sortir de votre zone de confort pour élargir vos horizons.

La capacité d'apprentissage est renforcée par l'humilité intellectuelle. Soyez conscient que personne ne détient toutes les réponses et qu'il y a toujours quelque chose à apprendre des autres. Soyez ouvert à l'expérience et prêt à remettre en question vos propres connaissances et perspectives.

La capacité d'apprentissage nécessite également de développer des compétences d'apprentissage, telles que la recherche d'informations pertinentes, la gestion du temps, la prise de notes efficace et l'organisation des connaissances. Apprenez à utiliser les outils et les ressources disponibles pour faciliter votre processus d'apprentissage.

La motivation intrinsèque est un facteur clé de la capacité d'apprentissage. Identifiez ce qui vous passionne et vous motive, et utilisez-le comme levier pour vous engager pleinement dans vos processus d'apprentissage. Trouvez des moyens de rendre l'apprentissage significatif et gratifiant pour vous-même.

La capacité d'apprentissage est également influencée par votre état d'esprit. Adoptez une mentalité de croissance, qui vous encourage à voir les défis comme des opportunités d'apprentissage, à persévérer face aux obstacles et à croire en votre potentiel d'amélioration. Évitez les pensées limitantes et croyez en votre capacité à vous développer et à apprendre de nouvelles choses.

Elle est favorisée par la pratique régulière et l'engagement actif dans le processus d'apprentissage. Consacrez du temps et de l'énergie à l'acquisition de nouvelles compétences, à l'exploration de nouveaux sujets et à la mise en pratique de ce que vous apprenez. La répétition et l'application sont essentielles pour intégrer de nouvelles connaissances et compétences. Elle est également renforcée par la collaboration et l'échange avec les autres. Participez à des discussions, des groupes d'étude ou des communautés d'apprentissage qui vous permettent d'interagir avec des personnes partageant les mêmes intérêts et de bénéficier de leurs connaissances et de leurs perspectives.

La résilience : c'est la capacité à faire face à l'adversité, à surmonter les obstacles et à se rétablir après des situations stressantes ou traumatisantes. Elle implique la capacité à s'adapter, à rebondir et à se reconstruire mentalement, émotionnellement et physiquement.

La résilience ne signifie pas être invincible ou ne jamais ressentir de douleur ou de difficulté. Au contraire, elle reconnaît que les défis font partie intégrante de la vie et que la résilience nous permet de les affronter de manière positive et constructive.

La résilience repose sur plusieurs facteurs, tels que la confiance en soi, l'optimisme réaliste, la capacité à gérer les émotions, la recherche de soutien social, la flexibilité mentale et la capacité à trouver un sens et une signification aux expériences vécues.

La confiance en soi est un élément clé de la résilience. Elle nous donne la force de croire en nos capacités, de prendre des initiatives et de persévérer même lorsque les choses deviennent difficiles. La confiance en soi nous aide à faire face aux défis avec détermination et à trouver des solutions créatives.

La gestion des émotions est essentielle pour développer la résilience. Il est important de reconnaître et d'accepter nos émotions, même les plus difficiles, tout en apprenant à les gérer de manière saine et constructive. Cela peut inclure des techniques de relaxation, la recherche de soutien émotionnel et l'expression émotionnelle appropriée.

La recherche de soutien social est un facteur clé de la résilience. Le fait d'avoir des relations solides et de pouvoir compter sur le soutien des autres peut nous aider à faire face aux difficultés et à trouver des ressources supplémentaires pour surmonter les épreuves. Il est important de cultiver des relations positives et de demander de l'aide lorsque cela est nécessaire.

La flexibilité mentale est également importante pour développer la résilience. Cela implique d'adopter une attitude d'ouverture face au changement, d'ajuster nos perspectives et nos attentes, et d'être prêt à trouver de nouvelles approches et solutions lorsque les circonstances évoluent

La prise de décision efficace : elle consiste à évaluer les options disponibles, à analyser les informations pertinentes et à choisir la meilleure solution en fonction de nos objectifs et de nos valeurs. Elle implique également la gestion des risques, l'anticipation des conséquences et la confiance en nos capacités de choix.

La clarté des objectifs est un point de départ essentiel pour une prise de décision efficace. Avant de prendre une décision, il est important de définir clairement ce que nous voulons atteindre et quels sont nos critères de réussite. Cela nous permet de focaliser notre attention sur les solutions qui nous rapprochent de nos objectifs.

La collecte et l'analyse d'informations pertinentes sont des étapes clés de la prise de décision. Il est important de rechercher des informations fiables, de considérer différentes perspectives et d'évaluer les conséquences potentielles de chaque option. Cela peut impliquer la consultation d'experts, la recherche de données empiriques et la prise en compte de notre expérience personnelle.

La prise de décision efficace nécessite également la capacité d'évaluer les risques et les bénéfices associés à chaque option. Il est important de considérer les probabilités, les impacts potentiels et les conséquences à court et à long terme. Évaluer les risques nous permet de prendre des décisions plus éclairées et d'anticiper les éventuelles difficultés.

La confiance en soi est un élément crucial pour une prise de décision efficace. Avoir confiance en nos capacités d'évaluation, de réflexion et de choix nous permet de prendre des décisions avec conviction. Il est important de reconnaître nos forces, de valoriser nos expériences passées et de croire en notre capacité à faire des choix judicieux.

La gestion des émotions est également essentielle pour une prise de décision efficace. Il est important de reconnaître nos émotions et de prendre du recul émotionnel avant de prendre une décision. Prendre des décisions impulsives ou basées sur des réactions émotionnelles peut compromettre la qualité de nos choix. Apprenez à gérer vos émotions et à prendre des décisions plus rationnelles.

La prise de décision efficace peut également être soutenue par la réflexion et la planification. Prendre le temps de réfléchir, de peser les avantages et les inconvénients, et de formuler un plan d'action peut nous aider à prendre des décisions plus éclairées. Évitez de vous précipiter et accordez-vous le temps nécessaire pour évaluer soigneusement les options.

La flexibilité : elle implique d'être ouvert aux nouvelles idées, aux perspectives différentes et aux différentes manières de faire les choses. Elle nous permet d'aborder les situations avec une attitude d'adaptabilité et de chercher des solutions créatives face aux défis.

La flexibilité mentale est un aspect clé de la flexibilité. Elle consiste à être capable de remettre en question ses propres croyances et points de vue, à accepter les changements et à s'adapter aux nouvelles informations. Une mentalité flexible nous permet d'élargir nos horizons, d'apprendre de nouvelles choses et de nous développer en tant qu'individus.

La flexibilité émotionnelle est également importante. Elle implique d'être capable de reconnaître et de gérer nos émotions de manière adaptative, de s'adapter aux fluctuations émotionnelles et de trouver des moyens constructifs de faire face au stress et aux difficultés. Être flexible émotionnellement nous permet de maintenir notre équilibre et notre bien-être, même face aux changements et aux imprévus.

La flexibilité comportementale est une autre dimension de la flexibilité. Elle se manifeste par notre capacité à ajuster notre comportement en fonction du contexte et des personnes avec lesquelles nous interagissons. Être flexible dans nos actions et nos attitudes nous permet de nous adapter aux différentes situations, de trouver des compromis et de maintenir des relations harmonieuses.

La flexibilité nécessite également une capacité à gérer l'incertitude et l'imprévisibilité. Dans un monde en constante évolution, il est important d'accepter que tout ne peut pas être contrôlé ou planifié à l'avance. Être flexible signifie être prêt à faire face à l'inconnu, à prendre des risques calculés et à s'adapter aux circonstances changeantes.

La communication est un aspect clé de la flexibilité. Être capable d'écouter activement les autres, de prendre en compte leurs idées et leurs perspectives, et de trouver des solutions de compromis favorise une communication efficace et des relations harmonieuses. La flexibilité nous permet d'ajuster notre style de communication en fonction des besoins des autres et de favoriser une compréhension mutuelle.

La flexibilité dans la planification et l'organisation est également importante. Être capable de réévaluer et de réajuster nos plans en fonction des circonstances changeantes nous permet de rester adaptatifs

La responsabilité personnelle : elle implique de reconnaître que nous sommes les principaux acteurs de notre vie et que nos actions et nos décisions ont un impact direct sur notre bien-être, nos relations et nos résultats. Cela signifie prendre conscience de notre pouvoir et de notre capacité à influencer positivement notre réalité.

Être responsable personnellement, c'est abandonner le rôle de victime et cesser de blâmer les autres ou les circonstances extérieures pour nos problèmes. Au lieu de cela, il s'agit de prendre conscience de notre propre rôle dans les situations qui se présentent à nous et de rechercher des solutions constructives pour y faire face.

La responsabilité personnelle nécessite de développer une attitude proactive plutôt que réactive. Plutôt que de simplement réagir aux événements, être responsable implique d'anticiper les problèmes potentiels, de planifier et de prendre des mesures préventives pour éviter les obstacles ou les difficultés.

Assumer la responsabilité personnelle implique également d'accepter les conséquences de nos actions. Cela signifie être prêt à reconnaître nos erreurs, à apprendre de nos échecs et à en tirer des leçons pour nous améliorer. La responsabilité personnelle comprend l'humilité et la volonté de corriger nos erreurs plutôt que de les nier ou de les minimiser.

La responsabilité personnelle est étroitement liée à l'intégrité. Être responsable signifie agir en accord avec nos valeurs et nos principes moraux. Cela implique de faire preuve d'honnêteté envers soi-même et envers les autres, de respecter ses engagements et d'assumer les conséquences de ses actes.

La responsabilité personnelle ne se limite pas à nos actions individuelles, mais englobe également nos relations avec les autres et notre impact sur la société. Cela implique d'être conscient de l'impact de nos paroles, de nos choix de consommation et de nos comportements sur les autres et sur l'environnement, et d'agir de manière responsable dans ces domaines.

La responsabilité personnelle comprend également la gestion de nos émotions et de nos réactions. Cela implique de reconnaître que nous sommes responsables de la façon dont nous exprimons nos émotions, de la façon dont nous réagissons aux situations stressantes et de la façon dont nous interagissons avec les autres. La responsabilité personnelle nous encourage à développer des compétences d'intelligence émotionnelle pour mieux gérer nos émotions et nos relations.

La responsabilité personnelle nécessite de développer la capacité à prendre des décisions réfléchies et à assumer les conséquences qui en découlent. Cela peut inclure la recherche d'informations, la consultation d'experts, la réflexion sur les différentes options et l'évaluation des risques et des bénéfices. Être responsable signifie également être prêt à faire des choix difficiles lorsque cela est nécessaire.

La passion : c'est un intense enthousiasme, un intérêt profond et une énergie positive envers une activité, un domaine de connaissance ou une cause. Elle alimente notre motivation intrinsèque et notre engagement à poursuivre ce qui nous passionne.

La passion donne un sens à nos actions et à notre vie. Elle nous procure une satisfaction profonde, un sentiment d'épanouissement et une connexion avec notre véritable essence. Lorsque nous sommes passionnés, nous sommes plus susceptibles de faire preuve de persévérance, de créativité et de détermination pour atteindre nos objectifs.

La passion nous pousse à sortir de notre zone de confort et à explorer de nouvelles opportunités. Elle nous encourage à chercher des défis, à apprendre et à nous développer continuellement dans le domaine qui nous passionne. La passion est souvent associée à un sentiment d'excitation et de vitalité.

La passion nous permet de trouver notre voie et de vivre une vie alignée avec nos valeurs et nos aspirations les plus profondes. Elle nous aide à définir nos objectifs et à canaliser nos efforts vers ce qui compte le plus pour nous. Lorsque nous sommes guidés par notre passion, nous sommes plus susceptibles de ressentir un sentiment de satisfaction et d'accomplissement.

La passion favorise la persévérance et la résilience face aux obstacles. Lorsque nous sommes passionnés, nous sommes plus enclins à surmonter les difficultés, à faire face aux échecs et à rebondir avec détermination. La passion nous donne la force de continuer même lorsque les choses deviennent difficiles.

La passion est contagieuse et peut inspirer les autres. Lorsque nous exprimons notre passion, nous pouvons influencer positivement ceux qui nous entourent et les encourager à poursuivre leurs propres passions. La passion peut également créer des liens et des connexions avec d'autres personnes partageant les mêmes intérêts, ce qui peut renforcer notre sentiment d'appartenance et de communauté.

La passion peut être cultivée et nourrie. Il est important d'explorer différents domaines, de découvrir ce qui nous passionne vraiment et de consacrer du temps et de l'énergie à ces passions. Cela peut impliquer de chercher de nouvelles expériences, d'apprendre constamment et de chercher des occasions de mettre en pratique nos passions.

La passion ne se limite pas à une seule activité ou à un seul domaine. Nous pouvons être passionnés par plusieurs choses à la fois, et nos passions peuvent évoluer avec le temps. Il est important d'être ouvert à de nouvelles passions et de permettre à nos intérêts de se développer et de changer au fil du temps.

La passion ne garantit pas nécessairement le succès, mais elle nourrit notre motivation intrinsèque et notre bonheur personnel. Lorsque nous suivons notre passion, nous sommes plus susceptibles de vivre une vie authentique, épanouissante et significative.

La gestion du stress : cela implique la reconnaissance et la compréhension des sources de stress dans notre vie. Cela peut inclure des facteurs tels que les exigences professionnelles, les responsabilités familiales, les problèmes de santé, les relations interpersonnelles, les événements traumatisants ou les défis personnels. Il est important de prendre conscience des situations et des facteurs qui déclenchent notre stress afin de pouvoir y faire face de manière proactive.

La gestion du stress consiste à développer des compétences pour faire face aux situations stressantes de manière saine et adaptative. Cela peut inclure des techniques de relaxation, telles que la respiration profonde, la méditation ou le yoga, qui aident à réduire le stress physique et mental. Il peut également s'agir de développer des stratégies de gestion du temps, de résolution de problèmes ou de communication pour mieux faire face aux demandes et aux pressions.

La gestion du stress comprend également la prise en compte de notre bien-être physique. Un mode de vie sain, comprenant une alimentation équilibrée, une activité physique régulière et un sommeil de qualité, peut contribuer à renforcer notre résilience face au stress. Prendre soin de notre corps en lui fournissant les nutriments dont il a besoin et en lui permettant de se reposer adéquatement peut aider à maintenir un équilibre émotionnel et à faire face aux défis stressants.

La gestion du stress implique également de développer des compétences en gestion des émotions. Il est important de reconnaître et de comprendre nos propres émotions, ainsi que leur impact sur notre niveau de stress. La pratique de l'intelligence émotionnelle, qui comprend la régulation émotionnelle et la capacité à exprimer nos émotions de manière saine, peut nous aider à faire face au stress de manière constructive.

La gestion du stress nécessite également une attitude mentale positive et une perspective réaliste. Cela inclut le développement d'une pensée positive, l'adoption d'une attitude de gratitude et la recherche de solutions plutôt que de se focaliser sur les problèmes. Cultiver une attitude optimiste et chercher les aspects positifs des situations peut aider à réduire le stress et à favoriser une meilleure adaptation.

La gestion du stress implique également la mise en place de limites saines et la pratique de l'auto-soin. Il est important de reconnaître nos propres besoins et de nous accorder du temps pour nous recharger, nous détendre et faire des activités qui nous plaisent. Prendre des pauses régulières, pratiquer des loisirs, passer du temps avec des proches ou s'engager dans des activités qui nous apportent du plaisir peut aider à réduire le stress et à maintenir notre bien-être.

La gestion du stress comprend également la communication efficace avec les autres. Il est important d'exprimer nos besoins, nos limites et nos préoccupations de manière assertive et respectueuse. La communication ouverte et honnête peut aider à réduire les tensions relationnelles et à trouver des solutions collaboratives pour faire face au stress.

La visualisation : elle implique de former et de diriger notre esprit pour créer des images mentales claires et détaillées. Cela peut être fait en fermant les yeux et en imaginant vivement des scènes, des situations ou des résultats souhaités. Lorsque nous visualisons, nous faisons appel à nos sens internes pour créer une expérience mentale immersive.

La pratique de la visualisation peut être utilisée dans de nombreux domaines, tels que le sport, la performance artistique, les études, les compétences professionnelles, la santé et le bien-être. En visualisant, nous pouvons améliorer notre concentration, renforcer notre confiance en nous, développer des compétences spécifiques et stimuler notre motivation.

La visualisation permet de se préparer mentalement à une situation future. Par exemple, un athlète peut visualiser sa performance idéale avant une compétition, en imaginant chaque détail du mouvement, de la technique et de la réussite. Cela peut aider à renforcer la confiance et à améliorer la performance réelle en créant un sentiment de familiarité avec la situation.

La visualisation peut également être utilisée pour atteindre des objectifs spécifiques. En se représentant déjà en train de réussir, en visualisant les étapes nécessaires pour atteindre cet objectif et en ressentant les émotions positives associées à cette réalisation, nous renforçons notre motivation et notre engagement pour atteindre nos aspirations.

La visualisation créative consiste à imaginer des scénarios positifs et souhaités pour créer des changements dans notre vie. Par exemple, en visualisant la réalisation de nos rêves, nous renforçons notre confiance en nous et notre croyance en nos capacités. La visualisation créative peut également aider à générer des idées et des solutions innovantes en imaginant différentes possibilités.

La pratique régulière de la visualisation renforce la connexion entre notre esprit conscient et notre subconscient. En répétant les images mentales de manière cohérente et en ressentant les émotions associées, nous renforçons les chemins neuronaux dans notre cerveau, ce qui peut influencer nos pensées, nos comportements et nos résultats dans la réalité.

Il est important d'associer la visualisation à une intention claire et à des actions concrètes. La visualisation seule ne suffit pas, mais elle peut renforcer notre motivation, améliorer notre concentration et nous donner la clarté nécessaire pour prendre des mesures efficaces vers nos objectifs.

La visualisation peut être pratiquée de différentes manières, notamment en utilisant des images mentales statiques, des scénarios dynamiques, des affirmations positives ou des visualisations guidées. Il est important de trouver la méthode qui convient le mieux à nos besoins et de l'intégrer dans notre routine quotidienne ou notre préparation spécifique.

L'estime de soi : cela correspond à la valeur et l'appréciation que nous avons de nous-mêmes. Cela englobe notre confiance en nos compétences, notre valeur personnelle, notre acceptation de qui nous sommes et notre capacité à reconnaître notre propre valeur.

Pour travailler sur l'estime de soi, il est important de cultiver une conscience de soi positive. Cela signifie prendre le temps de se connaître, d'explorer ses forces, ses talents et ses qualités uniques. En se concentrant sur ses points forts, on renforce la confiance en soi et on développe une image de soi positive.

Une autre étape clé pour améliorer son estime de soi est de faire preuve d'autocompassion. Il est essentiel d'apprendre à se traiter avec gentillesse, à accepter ses imperfections et à ne pas se juger de manière excessive. En pratiquant l'autocompassion, on développe une attitude bienveillante envers soi-même, ce qui renforce l'estime de soi.

La comparaison avec les autres peut souvent affecter négativement l'estime de soi. Il est important de se rappeler que chaque personne a son propre parcours et ses propres défis. En se concentrant sur sa propre croissance et en se fixant des objectifs personnels, on évite de se comparer aux autres et on cultive une estime de soi plus solide.

Un autre aspect crucial pour travailler sur l'estime de soi est de développer une pensée positive. Cela implique de s'entraîner à identifier et à remplacer les pensées négatives par des pensées positives et constructives. En cultivant une attitude optimiste envers soi-même, on renforce l'estime de soi et on crée un état d'esprit plus positif.

L'action et les réalisations jouent également un rôle important dans l'amélioration de l'estime de soi. En se fixant des objectifs réalistes et en travaillant pour les atteindre, on renforce la confiance en soi et on obtient un sentiment de satisfaction personnelle. Chaque petite réussite contribue à renforcer l'estime de soi et à créer une dynamique positive.

L'environnement social et les relations interpersonnelles ont également un impact sur l'estime de soi. Il est important de s'entourer de personnes positives et encourageantes qui soutiennent notre croissance personnelle. Les relations saines et nourrissantes favorisent un sentiment d'appartenance et renforcent l'estime de soi.

Il peut être bénéfique de chercher un soutien extérieur pour travailler sur son estime de soi, que ce soit par le biais d'un thérapeute, d'un coach ou d'un groupe de soutien. Ces ressources peuvent offrir des conseils, des outils et un soutien émotionnel pour renforcer l'estime de soi de manière efficace.

S'adapte au changement : La première étape pour s'adapter aux changements est d'adopter une attitude ouverte et flexible. Cela signifie être prêt à remettre en question les routines établies, ou les habitudes qui pourraient entraver notre capacité à s'adapter. L'ouverture d'esprit permet d'explorer de nouvelles idées, de considérer différents points de vue et de saisir les opportunités qui se présentent.

La gestion du changement demande également une certaine résilience émotionnelle. Les changements peuvent susciter des émotions telles que la peur, l'incertitude ou la résistance. Il est important d'apprendre à reconnaître et à gérer ces émotions, en adoptant des techniques de gestion du stress, en cultivant l'acceptation et en trouvant des moyens de se soutenir émotionnellement.

La capacité d'adaptation nécessite également une certaine agilité mentale. Cela implique d'être capable de se défaire des schémas de pensée rigides et de développer une pensée créative et flexible. Être capable de voir les situations sous différents angles, d'explorer de nouvelles solutions et de s'adapter rapidement aux nouvelles informations favorise une adaptation efficace.

Un élément clé de l'adaptabilité est la capacité à apprendre en permanence. Il est important de cultiver une soif de connaissances et de compétences nouvelles. Cela peut être fait en recherchant activement de nouvelles opportunités d'apprentissage, en suivant des formations, en lisant des livres, en échangeant avec des experts ou en se lançant dans de nouveaux défis. L'apprentissage continu nourrit notre flexibilité intellectuelle et facilite l'adaptation aux changements.

La communication efficace est également cruciale pour s'adapter aux changements. Être capable de communiquer clairement, d'écouter activement et de collaborer avec les autres permet de naviguer avec succès dans des situations de changement. La communication ouverte favorise la compréhension mutuelle, la coopération et la résolution de problèmes, ce qui facilite l'adaptation aux nouvelles circonstances.

La planification et l'anticipation sont des compétences importantes pour s'adapter aux changements. Bien qu'il soit impossible de prévoir tous les changements, il est utile de développer des compétences en matière de planification stratégique et de préparation aux éventualités. Cela nous permet de mieux gérer les transitions, d'identifier les obstacles potentiels et de mettre en place des mesures d'adaptation appropriées.

Enfin, il est important de cultiver une attitude de croissance et de développement personnel. Voir les changements comme des opportunités d'apprentissage et de croissance plutôt que comme des obstacles aident à maintenir une perspective positive et à s'adapter avec plus de facilité. L'adoption d'une mentalité de croissance encourage l'exploration, la résilience et l'adaptabilité face aux changements

Se concentrer sur ses propres progrès : c'est une approche centrée sur l'amélioration personnelle et le développement continu. Cela implique de mettre l'accent sur sa propre croissance, ses réalisations et ses efforts, plutôt que de se comparer constamment aux autres. Voici des développements supplémentaires sur l'importance de se concentrer sur ses propres progrès :

En se concentrant sur ses propres progrès, on évite de se comparer de manière excessive aux autres. La comparaison constante peut entraîner des sentiments d'insatisfaction, de jalousie ou de frustration. En se tournant vers nos propres réalisations et nos propres objectifs, on se libère de la pression de se mesurer aux autres et on se concentre sur notre propre chemin.

Se concentrer sur ses propres progrès favorise la motivation intrinsèque. Lorsque l'on met l'accent sur nos propres réalisations et nos propres améliorations, on crée une motivation interne qui nous pousse à continuer à avancer. Cette motivation provient de la satisfaction personnelle et de la fierté d'accomplir des objectifs personnels, ce qui renforce notre engagement et notre persévérance.

La focalisation sur ses propres progrès permet de reconnaître et de célébrer les petites victoires. Souvent, nous nous concentrons sur les résultats finaux ou les objectifs à long terme, ce qui peut être décourageant si nous ne les atteignons pas immédiatement. En se concentrant sur les progrès réalisés, même les plus petits, on apprécie les étapes intermédiaires et on trouve la motivation pour continuer à avancer.

En se concentrant sur ses propres progrès, on cultive une mentalité de croissance. Plutôt que de considérer les erreurs ou les obstacles comme des échecs, on les voit comme des occasions d'apprendre et de grandir. On adopte une attitude positive envers les défis, en reconnaissant qu'ils font partie intégrante du processus d'amélioration personnelle.

Cela permet également de développer une meilleure estime de soi. En se concentrant sur ses propres progrès, on renforce sa confiance en ses capacités et on cultive une image de soi positive. On reconnaît que l'on est en constante évolution et que chaque étape franchie est une réalisation qui mérite d'être célébrée.

La focalisation sur ses propres progrès favorise la concentration et la persévérance. Plutôt que de se laisser distraire par ce que font les autres, on met son énergie et son attention sur ses propres objectifs et son propre cheminement. Cela permet de rester concentré sur les actions à entreprendre pour progresser et d'éviter les comparaisons qui pourraient nous détourner de notre propre parcours.

En se concentrant sur ses propres progrès, on cultive également la gratitude. On apprécie les efforts que l'on a déployés, les leçons que l'on a apprises et les opportunités qui se présentent à nous. La gratitude renforce notre satisfaction et notre bien-être général, ce qui contribue à notre épanouissement personnel.

''Partir en winner'' : Je m'explique cette technique est utile pour de nombreux footballeurs comme Cristiano Ronaldo qui l'utilise énormément. Elle consiste à se dire que l'on est le meilleur, par exemple en musique ou pendant la création d'un projet. Dans notre tête, on ne doit pas se dire "merde, aller j'abandonne, ce n'est pas grave". Non, il faut se dire "je suis le meilleur, c'est moi le patron, je vais y arriver, je vais leur montrer, je vais gagner, je vais réussir, je vais le faire", ne jamais être défaitiste. Si tu pars déjà battu, alors tu le seras. Lève la tête, soldat, et pars en winner. Tu vas y arriver.

Arrête de remettre à demain : c'est la pire chose à faire ! Cette idée, à elle seule, peut détruire ton projet. Tu dois être motivé. Tu n'es pas un enfant, discipline-toi un peu. Nous connaissons tous cette phrase qui dit "je le ferai demain, pas grave". Et le lendemain, encore une fois, et le jour d'après, de même. Bref, tu m'as compris, il faut que tu arrêtes ça. C'est nocif pour tous tes projets, quel qu'ils soient.

Et je vous donne un dernier grand point à absolument appliquer, qui n'engage que vous : **travaillez votre cerveau.** Vous devez trouver cette motivation et cette discipline au fond de vous. Rappelez-vous pourquoi vous avez commencé vos projets, pourquoi vous êtes à la recherche d'une meilleure version de vous-mêmes. Je le dis à tous, mais les personnes qui réussissent le mieux dans la vie sont celles qui ont la capacité à fournir un effort, un travail à 100%, même si elles n'en ont pas envie, même si elles sont fatiguées, même si elles sont occupées, même si elles sont malades. Entraîne ta capacité à dire "non, je ne fais pas ça" et à te concentrer sur tes objectifs. Je vais le faire, et c'est tout. Tout est dans ta tête, tu es ton propre guide. À toi de ne pas te laisser guider par la flemme. Encore une fois, je me répète, mais personne ne le fera à ta place. Au contraire, même, je peux citer "le malheur des uns fait le bonheur des autres" de Ninho.

Je suis là pour te motiver, alors je te le dis, tu as le choix : soit tu travailles maintenant et pendant 4 ans, tu te donnes à fond, même dans les moments les plus difficiles, tu ne t'arrêtes pas de travailler avec acharnement, tu te donnes plus que tout le monde, au maximum, pour espérer pouvoir passer le reste de ta vie à ne rien faire, avec énormément d'argent. Ou alors, tu fais comme tout le monde, tu te la coules douce encore à l'école ou à un pauvre travail qui te donne une ridicule paye pour un travail souvent forcé et long. Moi, j'ai tout choisi. À toi de savoir si tu veux gâcher tes journées derrière un bureau avec une ridicule paye pendant le reste de tes jours. En plus, une grande partie de ceux qui lisent actuellement sont encore chez leurs parents. Vous, vous n'avez vraiment aucune excuse, Vous avez une assurance vie gratuite n'oubliez pas que ce ne sera pas toujours comme cela vous n'allez pas y rester éternellement.

Passons maintenant sur une partie de développement personnel :

Au cœur du développement personnel se trouve la recherche d'un épanouissement personnel, d'une compréhension profonde de soi et d'une évolution constante. C'est une quête qui demande une réflexion introspective et un engagement envers le changement positif.

Une notion centrale du développement personnel est la prise de conscience de notre propre existence et de notre place dans le monde. Cela inclut la réflexion sur nos valeurs, nos croyances et nos objectifs personnels. La philosophie de Socrate, par exemple, nous rappelle l'importance de l'auto-examen et de la connaissance de soi. "Connais-toi toi-même" est une maxime qui résonne dans le développement personnel depuis des siècles.

Dans cette recherche de soi, il est essentiel de cultiver la compassion envers soi-même. L'idée de l'amour de soi, souvent attribuée à des philosophes tels que Aristote ou Épictète, souligne l'importance de s'accepter et de se traiter avec bienveillance. Cela nécessite de faire preuve de patience et de compréhension envers nos propres défauts et imperfections.

Une autre dimension du développement personnel est la gestion de nos émotions. La philosophie stoïcienne, popularisée par des penseurs tels que Sénèque et Marc Aurèle, met l'accent sur le contrôle de soi et la tranquillité d'esprit face aux circonstances de la vie.

Le développement personnel implique également d'apprendre à se fixer des objectifs réalistes et significatifs. La psychologie positive, un domaine qui s'intéresse à l'épanouissement et au bonheur humain, met en évidence l'importance de trouver un sens dans nos actions et de cultiver des états d'esprit positifs. Des théoriciens tels que Martin Seligman ont exploré les bienfaits de la gratitude, de la résilience et de l'optimisme dans la quête du bonheur.

En fin de compte, le développement personnel est un cheminement personnel unique pour chaque individu. Il puise dans la sagesse et les enseignements de diverses traditions philosophiques et psychologiques, mais il reste intrinsèquement une quête personnelle. C'est un voyage qui demande une exploration constante de soi, une ouverture d'esprit et un désir sincère d'évoluer vers une meilleure version de soi-même.

Et j'aimerai aussi vous parler d'une célèbre phrase que j'apprécie beaucoup, La phrase "ton plus grand ennemi, c'est toi-même" est une réflexion profonde sur la nature humaine et la lutte intérieure que chacun de nous peut rencontrer dans notre quête de développement personnel.

Cette déclaration met en évidence le fait que nous sommes souvent nos propres obstacles. Nos pensées négatives, nos doutes, nos peurs et nos habitudes autodestructrices peuvent entraver notre croissance personnelle et nous empêcher de réaliser notre plein potentiel.

L'ennemi intérieur dont il est question ici se réfère aux aspects de nous-mêmes qui nous limitent ou nous sabotent. Il peut s'agir de nos pensées auto-dépréciatives, de nos schémas de comportement négatifs ou de nos croyances limitantes. C'est une voix intérieure qui remet en question notre valeur, qui nous décourage ou qui nous pousse à nous complaire dans notre zone de confort.

Pour comprendre cette idée, il est important de reconnaître que le développement personnel est un voyage intérieur. Il s'agit de se confronter à nos peurs et à nos limitations, de remettre en question nos croyances et de nous engager dans une croissance personnelle continue.

L'adversaire le plus difficile à surmonter est souvent celui qui réside en nous. Il est plus facile de blâmer les circonstances extérieures ou les autres pour nos échecs ou nos difficultés, mais la véritable bataille se trouve à l'intérieur de nous-mêmes. Cela nécessite une honnêteté et une introspection profondes pour identifier nos schémas de pensée et de comportement autodestructeurs.

En reconnaissant que nous sommes notre propre ennemi, nous pouvons prendre conscience de nos faiblesses et travailler à les transformer en forces. Nous pouvons cultiver la compassion envers nous-mêmes, pratiquer l'auto acceptation et la bienveillance, et nous engager dans des actions qui nous aident à grandir et à évoluer

Il est important de noter que cette affirmation ne signifie pas que nous sommes condamnés à être notre pire ennemi de manière permanente. Au contraire, elle met en évidence le potentiel de transformation et de changement qui réside en nous. En reconnaissant nos défauts et nos tendances autodestructrices, nous pouvons travailler activement à les surmonter et à développer des pensées, des comportements et des habitudes plus constructifs.

Laisser-moi vous donner quelques conseille pour devenir une personne meilleure ;

Apprenez à mieux vous connaître : prendre le temps de réfléchir sur vous-même, vos forces, vos faiblesses, vos valeurs et vos croyances vous permet de mieux comprendre qui vous êtes en tant que personne. Cela vous aide à vous orienter vers des choses qui vous plaisent davantage et à éviter des situations qui ne vous conviennent pas. Par exemple, si vous réalisez que vous êtes très à l'aise en travaillant avec les autres, vous pouvez chercher des opportunités de collaboration en équipe ou de leadership dans des projets impliquant de nombreuses personnes.

La réflexion sur soi-même est un processus important pour le développement personnel. Il s'agit de poser des questions approfondies sur nos traits de personnalité, nos compétences, nos valeurs, nos croyances et nos expériences de vie. En comprenant ces aspects de vous-même, vous pouvez mieux vous orienter vers des activités, des carrières et des relations qui correspondent à votre identité et à ce qui vous rend heureux. Par exemple, si vous identifiez une passion particulière, vous pouvez vous engager dans des activités bénévoles ou rejoindre des organisations qui soutiennent cette cause.

L'introspection et la connaissance de soi sont des processus continus qui évoluent tout au long de la vie. Prenez le temps de vous poser des questions, de réfléchir et d'explorer qui vous êtes en tant que personne. Cela vous permettra de prendre des décisions éclairées et de vous épanouir dans tous les aspects de votre vie.

Développez vos compétences : apprendre de nouvelles compétences et chercher constamment des occasions de vous améliorer vous permet de progresser dans votre carrière et dans votre vie personnelle. Ces compétences peuvent être professionnelles, telles que l'apprentissage d'une nouvelle langue ou l'acquisition de compétences techniques spécifiques à votre travail. Elles peuvent également être des compétences plus générales, comme la communication, la prise de décision ou la résolution de problèmes. Lorsque vous développez vos compétences, vous êtes mieux préparé pour relever les défis et saisir les opportunités qui se présentent à vous.

L'avancement professionnel est un domaine clé où le développement de compétences est essentiel. Dans un monde du travail en constante évolution, acquérir de nouvelles compétences vous permet de rester compétitif sur le marché de l'emploi. En développant des compétences spécifiques à votre domaine ou en acquérant des compétences transférables, vous augmentez vos chances d'obtenir des promotions, de changer de carrière ou de trouver de meilleures opportunités professionnelles.

L'adaptabilité est également un aspect important. Les compétences évoluent au fil du temps, et il est essentiel de rester à jour. En apprenant de nouvelles compétences, vous vous adaptez aux changements de l'environnement professionnel et vous êtes mieux préparé à faire face à de nouvelles technologies, à de nouveaux processus ou à de nouvelles exigences du marché.

Le développement de compétences renforce également la confiance en soi. En maîtrisant de nouvelles compétences, vous développez une plus grande confiance en vous. Vous vous sentez plus compétent dans votre domaine, ce qui vous aide à relever des défis professionnels ou personnels avec assurance et détermination.

Le développement de compétences élargit également vos opportunités. Il vous permet de diversifier vos expériences professionnelles, d'explorer de nouveaux domaines d'intérêt et de saisir des occasions que vous n'auriez pas envisagées auparavant.

Enfin, le développement de compétences n'est pas seulement limité au domaine professionnel, il enrichit également votre vie personnelle. Il vous permet de relever de nouveaux défis, de stimuler votre créativité, de vous connecter avec des personnes partageant les mêmes intérêts et de développer de nouvelles passions.

Il existe de nombreuses façons d'apprendre de nouvelles compétences, telles que la formation en ligne, les cours du soir, les ateliers, les mentors, les livres, les podcasts, etc. Il est important d'identifier les domaines dans lesquels vous souhaitez vous améliorer et de planifier votre apprentissage de manière régulière et cohérente.

En investissant du temps et des efforts dans le développement de vos compétences, vous pouvez atteindre vos objectifs professionnels et personnels, stimuler votre croissance personnelle et vous ouvrir à un monde d'opportunités. Comme vous l'aurais compris le but du développement personnels est de devenir un homme meilleur avoir confiance en soi et avoir du charisme le but est donc de chercher l'améliorations dans tout les domaine physique, mental psychologique …, vous devez inspirer le respect.

Prenez soin de votre corps et de votre esprit : Le bien-être physique et mental est crucial pour le développement personnel. Prendre soin de soi peut inclure manger sainement, faire de l'exercice régulièrement et prendre le temps de se reposer et de se ressourcer. Lorsque nous prenons soin de notre corps, cela peut également avoir un impact positif sur notre état d'esprit et notre confiance en nous. Par exemple, une personne qui se nourrit sainement et fait de l'exercice régulièrement peut avoir plus d'énergie et de confiance en elle pour relever les défis quotidiens. L'exercice physique présente de nombreux avantages pour votre bien-être global, tant sur le plan physique que mental.

Tout d'abord, l'exercice physique est un excellent moyen de réduire le stress. Lorsque vous vous engagez dans une activité physique, votre corps libère des endorphines, des neurotransmetteurs qui améliorent votre humeur et vous procurent une sensation de bien-être. L'exercice est une forme de libération d'énergie et de tension accumulée, ce qui contribue à réduire les niveaux de stress et à favoriser une meilleure gestion des émotions.

Même si le sport n'est pas forcément le domaine dans lequel vous voulez exceller, il est important pour votre santé de garder une bonne condition physique avec un minimum d'exercice physique, qui varie en fonction de chacun. C'est extrêmement bénéfique. Il est très important de prendre soin de vous. Un homme ou une femme à l'aise avec son corps, physiquement bien habillé, qui sent bon et qui est propre, inspirera forcément la confiance et sera beaucoup plus charismatique et attirant que dans le cas contraire. N'hésitez pas à acheter des soins pour hommes ou femmes afin de prendre soin de vous. Pour cela, je vous laisse vous renseigner sur Internet, où les choix de soins sont multiples et adaptés à différentes parties du corps et du visage. Vous avez le choix, et il n'est pas très compliqué de trouver une multitude de soins pour femmes et hommes. À vous de créer une routine et peut-être d'intégrer ces soins, comme mentionné précédemment. Je parle bien sûr ici de soins physiques.

Soyez reconnaissant : La gratitude est une qualité importante pour la santé mentale et émotionnelle. Prendre le temps de reconnaître les bonnes choses dans notre vie peut nous aider à renforcer notre estime de soi et à réduire le stress et l'anxiété. Cela peut inclure des choses simples comme être reconnaissant pour une journée ensoleillée ou pour passer du temps avec des amis. La pratique de la gratitude peut être une activité quotidienne, telle que tenir un journal de gratitude où l'on note trois choses pour lesquelles on est reconnaissant chaque jour. Plus vous appréciez la vie, plus vous êtes heureux, et les autres le ressentent. Cela fait de vous, à leurs yeux, quelqu'un de sympathique et convivial qui apporte de bonnes ondes et aussi une personne en qui ils ont confiance et avec qui ils n'hésiteraient pas à partager des projets.

Faites face à vos peurs : Nous sommes tous confrontés à des peurs qui nous retiennent à un moment ou à un autre dans nos vies. Identifier ces peurs est le premier pas crucial pour les surmonter et libérer notre plein potentiel. Lorsque nous prenons conscience de ces peurs, nous pouvons commencer à travailler activement sur elles et développer notre confiance en nous.

Par exemple, si vous ressentez une grande peur de parler en public, il est important de comprendre que cette peur est commune et qu'elle peut être surmontée. La première étape consiste à reconnaître que vous avez cette peur et à accepter qu'elle puisse vous limiter dans certains aspects de votre vie.

Pour affronter cette peur spécifique, il est recommandé de commencer par de petites actions. Vous pourriez vous entraîner à prendre la parole devant un petit groupe d'amis proches ou de collègues bienveillants. En vous exposant progressivement à la situation redoutée, vous vous habituerez peu à peu à l'expérience et commencerez à réduire l'anxiété qui l'accompagne.

L'apprentissage et la préparation jouent un rôle essentiel dans la surmontée des peurs. Si vous craignez l'échec, vous pouvez acquérir de nouvelles compétences, rechercher des conseils d'experts et vous préparer autant que possible. Plus vous serez informé et préparé, plus vous vous sentirez en confiance pour faire face à votre peur.

Il est bénéfique de s'entourer de personnes qui vous soutiennent et vous encouragent dans votre parcours. Partagez vos peurs avec des amis proches, votre famille ou des mentors en qui vous avez confiance, et demandez-leur leur soutien et leurs conseils. Leur présence bienveillante peut vous aider à renforcer votre confiance et à surmonter vos peurs.

N'oubliez pas de vous rappeler vos succès passés dans la gestion de vos peurs. Utilisez ces expériences comme source d'inspiration et de motivation pour affronter de nouvelles peurs. Souvenez-vous que vous avez déjà surmonté des obstacles par le passé et que vous êtes capable de grandir et de vous épanouir en tant que personne.

Enfin, soyez patient avec vous-même et persévérez dans votre parcours. Surmonter les peurs prend du temps et demande de la volonté. Ne vous découragez pas si vous rencontrez des difficultés en cours de route. Chaque petit pas que vous faites compte et vous rapproche de la confiance en vous et de la réalisation de votre potentiel.

En affrontant vos peurs et en développant votre confiance en vous, vous pouvez vous libérer de l'anxiété qui vous retient et vous ouvrir à de nouvelles opportunités. Enfin, si vous avez peur du regard des autres, dites-vous bien que ce soit pareil pour tout le monde et donc qu'il n'y a pas de quoi avoir peur. De plus, la plupart du temps, cette peur est inexistante car les gens s'en foutent et se foutent encore plus de vous, et au pire, ce n'est pas grave. Apprenez aussi à vous en foutre du regard des autres. Et Souvenez-vous bien que les premier à vous juger et à vous critiquer serons aussi les premiers à revernir quand vous aurez réussi alors pas de peur ou de pression inutile.

Dernière partie, dernier chapitre …

L'accomplissement et l'avenir radieux :

Félicitations ! Vous avez parcouru un long chemin dans votre voyage à la recherche de la productivité, de la motivation et du développement personnel. En atteignant cette dernière partie du livre, vous avez démontré votre engagement à vous améliorer et à exploiter votre plein potentiel.

J'espère sincèrement que les astuces, les stratégies et les exemples concrets que vous avez découverts tout au long de ce livre vous ont inspiré et vous ont fourni des outils pratiques pour transformer votre vie de manière positive. Mais rappelez-vous, le voyage ne fait que commencer. L'amélioration personnelle est un processus continu, un cheminement sans fin vers un meilleur moi-même.

Dans cette conclusion, je tiens à vous remercier du fond du cœur pour votre confiance en moi et pour avoir investi votre temps et votre énergie dans la lecture de ce livre. Votre dévouement à votre propre développement est admirable et je suis honoré de vous avoir accompagné dans cette quête.

Un merci spécial va à mes lecteurs, ceux qui ont partagé leurs histoires, leurs défis et leurs succès avec moi. Vos témoignages m'ont inspiré et m'ont rappelé pourquoi j'ai entrepris ce voyage d'écriture en premier lieu. Votre engagement envers votre propre développement personnel est une source d'inspiration pour nous tous.

En conclusion, n'oubliez jamais que vous détenez le pouvoir de changer votre vie. La motivation, la productivité et le développement personnel sont des aspects clés qui vous aideront à atteindre vos rêves et à réaliser vos aspirations les plus profondes. Continuez à vous engager activement dans votre croissance personnelle, à vous fixer des objectifs audacieux et à persévérer même lorsque les obstacles se dressent sur votre chemin.

Rappelez-vous toujours que vous êtes capable de grandes choses et que chaque petite étape que vous prenez vers l'amélioration personnelle compte. Que ce livre vous serve de rappel constant de votre potentiel illimité et de votre capacité à créer une vie épanouissante et enrichissante. Rappelez-vous aussi que vous êtes le maitre de vous-même et la fois votre pire ennemie, vous avez la pratique à vous de mettre en place votre plan vers le chemin d'une meilleure version de vous-même, tout et maintenant entre vos mains. Travailler et applique les conseils donnés et la réussite n'attend que vous.

Je vous souhaite le meilleur dans tous vos projets futurs. Que votre voyage vers la réussite et l'épanouissement soit rempli de succès, de bonheur

et d'accomplissement.

Avec toute ma gratitude,

R Thomas